생산적 책읽기

생산적 책읽기
•두 번째 이야기•

읽고
정리하고
실천하기

― 안상헌 지음 ―

북포스

contents

두 번째 이야기를 꺼내며   8

좋은 책을 고르는 방법

책, 내 집처럼 골라라   12
나는 왜 책을 잘 고르지 못할까?

나를 알아야 좋은 책이 보인다   17
나는 어떤 책을 좋아하는가?

그대는 일주일에 몇 권이나 읽는가?   23
일 년에 200권 읽기

책읽기는 과녁을 맞히는 활쏘기   29
나는 왜 책에 그토록 매달리는가

좋은 책을 고르는 기술   36
책 고르는 데에도 기술이 필요하다

생산적 책읽기는 쉬운 책을 소화시키는 것   43
고사성어의 맛

천천히 읽기 VS 빨리 읽기   50
하루 50글자씩 이백 혹은 삼백 번 읽고 그 뜻을 새겨라

제2부 오래고 기억하는 법 / 기억정리방

책읽기는 기술이 아니라 존재방식이다 왜 기술에만 매달리는가	58
새로운 창문을 찾아라 정신과 기술, 하나로 묶어라	64
좋은 책과 인연 맺기 위한 세 가지 마음의 기술 "너나 잘하세요"	71
휴대폰 카메라로 문장을 찍어라 휴대폰에 찍어둔 멋진 구절 하나	77
사라진 기억을 재생시키는 포스트잇 같은 색 포스트잇 어떻게 구할까?	83
'사례'가 기억을 돕는다 글쓰기 도우미 '사례'	88
시간과 장소가 '기억'을 붙잡는다 '감동'이 '감동'을 낳는다	94
A4 한 장으로 정리하기 A4 한 장으로 요약하기 샘플	100
벼락치기에서 한 수 배우다 나는 무엇을 알고 있을까	111
마르크스가 말하는 독서의 기술 오래 기억하는 6가지 비법	118

제3부 실용하고 응용하는 방법

지금 바로 실천한다 — 126
지금은 인생을 느껴야할 때다

분야에 맞는 독서법 찾기 — 133
나는 배우는 것이 두렵다

사건과 사례의 의미를 찾아라 — 139
왜 책을 쓰는가

마구 비틀어야 '응용'이 나온다 — 146
나만의 '죽이는 한마디'를 만들자

배움 뒤 배움의 의지를 남기자 — 153
생쥐는 생쥐, 인간은 인간일 뿐이오

끊임없이 질문하며 읽어라 — 159
깨어 있는 사람 VS 잠자는 사람

마침표를 물음표로 바꾸어라 — 166
두 얼굴을 가진 세상

책을 많이 읽어도 성과가 없는 이유 — 172
'인식'과 '행동'이라는 두 수레바퀴

자투리 시간을 잡아라 — 179
어느 일본전문가들의 보고서

책 읽는 습관 만들기 1 — 185
마르크스의 서재를 엿보다

책 읽는 습관 만들기 2 — 190
인터넷 스미스 요원 없애기

책 읽는 습관 만들기 3 — 196
나만의 책 읽는 습관 만들기

세 가지 색깔 세 가지 마음 203
―자기계발, 문학, 철학
이 세상에 있는 책은 모두 좋다

배움은 존중과 비례한다 209
위험과 재미가 뒹구는 '단절의 시대'

'창의성의 명당자리'를 찾자 215
배움과 생각, 그 오묘한 사슬

제4부 살아있는 지식을 위하여

감동의 힘을 얻다 224
직접지식과 기술지식의 차이

나만의 신성한 공간을 만들자 230
신성한 공간 죽이기

집에서는 책을 읽지 않는다 236
생각이 달라지면 행동도 달라진다

지식은 살아있다 243
지식을 살아 있게 하는 것들

지식을 만나면 지식을 죽여라 249
영웅숭배자는 영웅이 아니다

다른 세상으로 가는 접속플러그를 꽂다 256
신화에 꽂힌 플러그

책읽기 결승점은 책 쓰기 264
생산적 책읽기가 생산적 글쓰기에게

생명의 물은 먼 곳이 아닌 가까운 곳에 있다 271
내 속에서 찾은 생명의 물

두 번째 이야기를 마치며 277

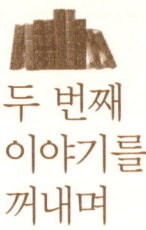

두 번째
이야기를
꺼내며

《어느 독서광의 생산적 책읽기 50》이 나온 지 5년, 그동안 많은 독자들로부터 과분한 사랑을 받았다. 대중들에게 꼭 필요한 독서 책이라는 평을 해주신 분들도 계시고, 책과 인생에 대한 자세를 배울 수 있었던 감동적인 경험이었다는 메일을 보내오시기도 했다. 책을 읽는 방법과 마음가짐에 대한 기본적인 생각들을 정리한 것에 불과한데 이렇게 큰 사랑을 받게 된 것은 그만큼 우리 독자들이 책을 아끼고 사랑하고 있다는 의미일 것이다. 책이 출간된 후 비슷한 유형의 책들이 쏟아져 나오는 것을 보면서 출판시장의 흐름에 획을 그었다는 평이 과장만은 아님을 느낄 수도 있었다. 개인적으로 커다란 보람과 의미를 던진 소중한 경험이 되었다.

 이제 그 두 번째 이야기를 세상에 내놓게 되었다. 두 번째 이야기를 준비하면서 마음의 부담이 참으로 컸다. 두 번째 이야기가 첫 번째 이야기보다 나아야한다는 이유와 함께 5년이 지난 지금 새로운 내용들을 얼마나 담아낼 수 있을까 하는 우려가 크게 작용했다. 그럼에도 두 번째 이야기를 내게 된 것은 많은 독자분들이 보내준 감동적인 메일에서 얻은 용기의 힘이 컸다. 나의 사소한 독서법이 독자들에게 중요한 자각의 계기가 될 수도 있음을 확인시켜주었고 삶의 기준을 결정하는데 도움을 줄 수 있음도 알게 되었다. 덕분에 이렇게 두 번째 이야기를 꺼내본다.

이 책은 일반 독자들이 책을 선택하고 읽고 정리하면서 느끼는 많은 문제들을 다루고 있다. 책에서 다루고 있는 주제들은 책을 읽으면서 개인적으로 느낀 점들과 함께 독자들로부터 질문을 많이 받았던 내용들을 중심으로 구성되었다. 책을 고르는 방법, 책에서 핵심내용을 찾아내는 법, 읽고 정리하는 방법, 오래 기억하는 방법, 책을 읽을 때의 마음가짐, 책이 우리에게 주는 유익한 점, 책 읽는 습관 만드는 법 등이 그것이다. 무엇보다 중점을 둔 것은 많이 읽으면 좋다는 식의 추상적인 당위성을 넘어 구체적인 독서의 방법과 정신을 담아내기 위해 노력했고 현실적인 대안들을 모색하고자 애썼다.

책을 읽는 의미들은 시대마다 조금씩 다를 수 있다. 그냥 좋아서 읽는 사람도 있고, 지식을 얻기 위해 읽는 사람도 있으며 성공의 방법을 찾는 사람도 있다. 하지만 이런 모든 이유들에도 불구하고 공통점 하나가 있다면 책읽기는 삶과 동떨어질 수 없다는 것이다. 책에서 삶의 의미를 찾아내고 실생활에 가치 있는 것으로 활용하기 위해 노력하는 이유가 이 때문이다. 삶이 없는 책읽기는 무용하고 책읽기가 없는 삶은 맹목적이다. 삶과 책의 통일을 추구하고 있는 이 책이 지식사회를 살아가는 개인들에게 보다 생산적이고 의미 깊은 삶의 틀을 제공할 수 있었으면 하는 바람이다.

좋은 책을
고르는 방법

생산적 책읽기 두 번째 이야기
— 읽고 정리하고 실천하기

책 내 집처럼 골라라

'눈이 있어도 볼 것을 보지 못하는 사람은 눈먼 사람이다'
_루미, 페르시아 신비주의 시인

어느 날, 어떻게든 읽어봐야겠다고 생각하고 있던 《율리시스》(사 놓은 지 벌써 1년은 된 듯하다)를 펼쳤다. 제임스 조이스가 지은 《율리시스》는 고등학교 국어시간 때부터 '의식의 흐름기법이 어떠하니' '현대 모더니즘문학의 선구적인 책이니' 하는 찬사들로 귀에 익숙해진 터라 꼭 읽어봐야겠다고 결심하고 있었다. 하지만 서재에서 두 번째로 두꺼운 책(첫 번째는 단연 《은하수를 여행하는 히치하이커를 위한 안내서》다)을 읽기란 쉬운 일이 아니어서 차일피일 미루고만 있었다. 그러다 드디어 큰 용기를 내 책을 꺼내들었다.

시작부터 녹록하지 않았다. 이미 각오는 하고 있었던 일이지만 예상보다 훨씬 힘들게 느껴졌다. 웬만한 책은 묵묵히 읽어낼 수 있다고 자부하고 있었는데, 너무나 강력한 포스에 시작부터 밀리기 시작했다. 그래도 참고 제법 읽어나가긴 한 듯하다. 그러나 앞장과 뒷장을 왔다 갔다 하며 몇 번을 살펴보다 결국 책을 덮고 말았다.

"아, 아직 때가 아니구나."

탄식과 함께 책은 책장 속 자기 자리로 되돌아가고 말았다.

하루는 존 맥스웰의 《오늘을 사는 원칙》이라는 책을 펼쳐들었다. 존 맥스웰은 목사이자 리더십 분야의 대표적인 연구가로 수많은 저서와 함께 전문가로서의 명성을 전세계에 떨치고 있는 인물이기에 나름 기대가 컸다. 게다가 기존에 그의 책을 읽어본 경험에 따르면 기대 이상으로 배울 것이 많아 일에 큰 도움을 얻곤 했다. 하지만 아쉽게도 특별한 내용은 눈에 띄지 않았고 진도도 잘 나가지 않았다.

꾹 참고 읽어나가기를 잠시, 결국 이런 책을 만났을 때 드러나는 특유의 기법을 사용하고 말았다. 그 특유의 기법이란 문단 처음만 읽고 대충 내용만 훑어보는 방식으로, 별 내용도 없고 읽기도 싫을 때 취하는 나만의 게으른 책읽기를 말한다.

"존 맥스웰도 실패하는 때가 있구나."

이런 탄식과 함께 그 책 또한 책꽂이 한쪽 구석으로 몰아넣고 말았다.

두 번의 실패 경험을 통해서 내가 깨달은 것은 역시 책은 잘 골라야 한다는 사실이었다. 그와 함께 요즘 사람들이 책과 가까이 하지 못하고 점점 거리가 멀어지는 이유들 중에는 분명 책을 고르는 것에 실패했기 때문이라는 확신도 생겼다.

책은 사람들 생각만큼이나 종류가 다양해서 읽기 전에 그 본래모습을 알아두지 않으면 곤혹을 치르거나 실망하기 십상이다. 자신에게 적합한 책을 고르지 못하면 읽기에 어려움이 생기는 것은 물론이고, 책이 싫어질 수도 있다. 책이 싫어지면 다른 쪽으로 마음이 기울게 되고 결국 책에서 완전히 손을 놓게 된다. 덕분에 만화책이나 언론에서 심하게 광고에 열을 올리는 베스트셀러들만이 간간이 선택을 받게 된다. 그래서 책을 고르는 것이 중요한 것이다.

그렇다면 우리는 왜 자신에게 적합한 책을 고르지 못하는 걸까?

먼저 자기 자신을 잘 모르기 때문이라고 할 수 있다. 우리는 자신이 어떤 분야의 책을 좋아하고 어떤 느낌을 주는 글에 감동하는지 알지 못한다. 기껏해야 대여섯 명의 베스트셀러 작가 이름을 외우는 정도이고, 예전에 읽었던 책들 중에서 이런 분야의 책이 괜찮더라는 경험 정도가 고작이다. 자신이 좋아하는 분야는 무엇이며 어떤 작가를 존경하고 어떤 느낌을 주는 책을 애독하는지 구체적으로 생각해본 경험이 없다. 때문에 자신이 좋아하는 책을 찾아내지 못하고 다른 사람들이 추천하는 책, 인기 있는 책 위주로 보게 된다. 이깃은 우연에 기대어 행운을 바라는 것에 가깝다.

또 다른 이유는 책을 선택하는 방법에 대해서 잘 모르기 때문이다. 책을 잘 고르기 위해서는 책을 보는 안목이 필요하다. 이 책에는 어떤 내용이 담겨 있으며 무엇을 배울 수 있는지에 대해서 알아야 한다. 그러자면 책의 어디를 보면 대략적인 내용을 알 수 있는지 파악하는 능력도 필요하다.

자신이 좋아하는 분야를 알고, 책의 대략적 내용을 파악하는 능력을 가지는 것, 이 두 가지가 좋은 책을 고르는 비결이라고 할 수 있다. 여기서 자신이 어떤 사람인지 알고 어떤 책에 관심이 있으며 어떤 작가를 좋아하는지 자신을 먼저 살펴보는 것이 우선일 것이다.

자신을 알아야 자기에게 맞는 책을 고를 수 있기 때문이다. 우리들 대부분의 문제는 여기에서 시작된다. 어떤 책에 어떤 내용이 담겨있는지를 알아보는 기술적인 문제는 다음의 문제다. 책에 어떤 내용이 담겨있는지 알고 있다 해도 그것이 자신에게 필요한 것인지 혹은 잘 맞는 것인지 모른다면 아무런 소용이 없다. 그래서 자신을 아는 것이 모든 일의 최우선이라고 하는 것이다.

이제 우리가 책읽기와 선택의 문제에서 생각해야 하는 첫 번째 과제가 생겼다. 바로 자기 자신에 대해서 알아보는 것이다.

나는 왜 책을 잘 고르지 못할까?

:
1. 자신이 어떤 책을 좋아하는지 모른다.
2. 자신에게 어떤 책이 필요한지 모른다.
3. 책에 담겨 있는 핵심내용을 파악하는 방법을 모른다.
4. 자신의 수준에 맞는 책이 어떤 것인지 모른다.
5. 이런 결과로 다른 사람들이 추천하는 책, 광고에서 선전하는 책, 베스트셀러만 사게 되고 실패는 반복된다.

생산적 책읽기 두 번째 이야기
— 읽고 정리하고 실천하기

나를 알아야 좋은 책이 보인다

"선비가 세상에 태어나 책을 읽지 않으면 도대체 무엇을 하겠는가?"
_이덕무

자신에게 잘 맞는 좋은 책을 고르기 위해서는 먼저 자신을 잘 알아야 한다. 자신을 안다는 것은 무엇일까? 이는 내가 무엇을 잘하고 못하는지, 무엇을 좋아하고 싫어하는지, 무엇을 하고 싶은지 혹은 하기 싫은지를 아는 것이다. 이것을 알 수 있을 때 비로소 자신에게 어떤 지식이 필요한지도 알 수 있게 된다.

그럼 자신을 아는 좋은 방법은 무엇일까? 가장 쉬운 방법은 자기 스스로에게 물어보는 것이다. 자신에게 질문을 던져보면 자신이 어떤 사람인지 알 수 있다. 사람은 자신과의 대화를 통해서 성장한다. 이 자신과의 대화는 대부분 질문으로 시작된다.

자신에게 질문을 던지기 전에 한 가지 알아두어야 할 점이 있다. 질문이 추상적이면 대답도 추상적이라는 사실이다. 반대로 질문이 구체적이면 답도 구체적이다.

'나는 누구인가?' 라고 물으면 '나는 나다' 는 대답이 나온다. 반면 '나는 무엇을 좋아하는가?' 라고 물으면 '나는 여행을 좋아한다' 와 같은 조금 구체적인 답이 나온다. 때문에 추상적인 질문이 아니라 구체적인 질문을 할 필요가 있다. 그래야 자신에 대해서 자세히 알 수 있는 대답이 나온다.

"나는 어떤 분야의 책을 좋아하는가?"

"나는 어떤 작가를 좋아하며 그 작가의 이름은 무엇인가?"

"지금까지 읽었던 책들 중에서 좋았던 책의 제목은 무엇인가?"

이런 질문들은 자신이 좋아하는 분야와 저자와 책의 유형을 알려준다. 이 질문에 대한 답을 두세 가지 정도 기록해보자. 기록을 해봐야 구체적인 느낌이 온다. 자신이 어떤 책과 어떤 저자를 좋아하는지를 안다는 것은 앞으로 어떤 책을 골라야 하는지 알려주는 기준이 되기 때문에 아주 중요한 일이다.

사람들은 취향이 다 다르다. 문학을 좋아하는 사람, 경제나 경영관련 책을 좋아하는 사람, 역사나 철학을 좋아하는 사람, 이야기책에 마음이 쏠리는 사람 등, 사람의 취향마다 저마다 다른 것이 정상이다. 이런 선호도를 파악하는 데는 위에 던진 질문들에 답을 적어보는 방법이 효과적이다.

질문에 대한 답을 적어가다 보면 자신이 어떤 책을 좋아하는지 자연스레 알게 된다. 이때 자신의 책장을 살펴보는 것도 도움이 된다. 어떤 분야의 책이 많이 꽂혀있는지를 살펴보면 자신이 좋아하는 분야 혹은 필요로 하는 분야를 대충 짐작할 수 있기 때문이다.

좋은 책을 고르고자 하는 사람은 먼저 자신이 좋아하는 취향부터 살펴보아야 한다. 그 취향을 중심으로 조금 더 깊이 있는 분야를 생각할 필요가 있다.

같은 심리학분야의 책을 좋아하는 사람들도 책의 유형에 따라 선호도가 갈라지기도 한다. 심리학을 좋아하는 사람들 중에는 프로이트나 융의 심리학 원전들을 좋아하는 사람이 있다.(아주 드물긴 하지만) 심리학을 일상생활에 빗대어서 쉽게 알려주는 쉬운 개론서들을 좋아하는 사람도 있다. 직장인들의 삶의 태도를 개선하기 위해 심리학적 방법들을 차용해서 알려주는 실용적인 책들을 좋아하는 사람도 있다. 이렇게 자신이 좋아하는 분야 안에서도 책이 가진 방식에 따라 또다시 선호하는 책이 달라진다.

하루는 책장을 정리하면서 가지고 있는 책을 작가별로 정리해보았다. 헤르만 헤세의 책이 가장 많았다. 그 다음으로 서머싯 몸, 엘리자베스 퀴블러로스, 조셉 캠벨 같은 작가들의 책이 눈에 들어왔다. 곰곰이 생각해보니 이 저자들은 삶의 의미와 성장, 올바른 삶의 길을 모색하기 위해서 노력했던 사람들이었다.

헤르만 헤세와 서머싯 몸은 진정한 삶의 의미와 가치를 찾아 여행하는 자전적인 소설을 많이 남겼다. 퀴블러로스는 평생 불치병에 걸린 사람들을 치료하면서 그들이 진정한 자기를 받아들일 수 있도록 노력한 의사였다. 캠벨은 인도철학을 바탕으로 인생의 깊은 내면을 조명하는데 평생을 바친 학자였다.

이렇게 책장을 정리하고 좋아하는 저자들의 책들을 살펴보면서 내가 진정으로 좋아하는 분야가 무엇이고 앞으로 무엇에 매진해야 할지를 알게 되었다. 그것은 바로 삶의 의미와 가치, 성장과 발전을 위한 길을 찾아가는 것이었다.

사람들은 나의 글에서 '의미'라는 단어가 자주 등장한다고 지적한다. 맞는 말일 것이다. 내가 읽은 것들, 내가 좋아하는 것들로부터 내가 어찌 자유로울 수 있겠는가? 의미라는 말이 내 책에 자주 등장한다면 나는 제대로 길을 가고 있는 것임이 분명하다. 헤르만 헤세의 지적처럼 내 안에 있는 삶의 길을 내가 좋아하는 책들이 등불이 되어 밝혀주기 때문이다.

이 세상 모든 책들이

그대에게 행복을 가져다주지는 않아

하지만 가만히 알려주지

그대 자신 속으로 돌아가는 길

그대에게 필요한 건 모두 거기에 있지

해와 달과 별

그대가 찾던 빛은

그대 자신 속에 깃들어 있으니
  – 헤르만 헤세

 그의 말대로 모든 책이 행복을 가져다주지는 않는다. 하지만 우리 자신이 어떤 책을 좋아하고 어떤 것에 마음이 끌리는지 알려줄 수는 있다. 우리 마음속에 우리에게 필요한 것들이 있음을 알려주고, 그것을 꺼낼 수 있도록 보살피기도 한다. 그러자면 자신이 어떤 책을 좋아하는지를 살펴보는 것이 필요하다. 내가 좋아하는 것이야말로 내 마음속에 내재된 '진정한 나'이기 때문이다.

나는 어떤 책을 좋아하는가?

:
"인간의 존재의미와 삶의 방법들을 다루는 문학책을 좋아하고 삶의 지혜를 알려주는 철학책을 좋아한다."

: 나는 어떤 작가를 좋아하며 그 작가의 이름은 무엇인가?

"헤르만 헤세와 서머싯 몸, 니체, 조셉 캠벨, 엘리자베스 퀴블러로스를 좋아한다."

: 지금까지 읽었던 책들 중에서 좋았던 책은 제목이 무엇인가?

"《데미안》,《감옥으로부터의 사색》,《면도날》,《차라투스트라는 이렇게 말했다》,《돈키호테》,《인생수업》,《위대한 개츠비》"

생산적 책읽기 두 번째 이야기
— 읽고 정리하고 실천하기

그대는 일주일에
몇 권이나 읽는가?

"독서 뒤에 생각하지 않는 것은 식사 뒤에 소화시키지 않는 것과 마찬가지다."
_에드먼드 버크

"일주일에 몇 권이나 읽으세요?"

사람들이 던지는 질문 중에서 이 질문처럼 많이 듣는 질문도 드물고 대답하기 곤란한 것도 없을 것이다. 이 질문이 대답하기 곤란한 것은 무슨 기계처럼 일주일에 몇 권씩 읽겠다고 정해놓은 것도 아닌데다 주변의 상황에 따라서 읽을 수 있는 양이 크게 달라지기 때문이다.

실제로 많게는 하루에 두 권을 읽기도 하지만 일주일 내내 한 권도 읽지 못하는 때도 있다. 문제는 일주일에 내가 몇 권을 읽느냐가 아니라 사람들이 그것을 왜 궁금해 하느냐 하는 것이다. 이런

제1부 좋은 책을 고르는 방법 —23

질문을 던지는 사람들이 궁금해 하는 것은 '적당한 독서량'에 관한 기준임이 분명하다. 이들은 도대체 얼마 정도를 읽어야 적당한지 모르기 때문에 다른 사람의 독서량을 알아보고 싶어 한다. 하지만 자신에게 필요한 독서의 양에 대한 기준이 없다는 것은 현대인의 불안한 자아의식의 반영처럼 보여 아쉬울 때가 많다.

그렇다면 도대체 몇 권이나 읽어야 할까?

좋은 독서가라면 나름대로 독서계획 같은 것을 세우기 마련이다. 독서계획에는 어떤 분야의 책을 몇 권 정도 읽겠다는 내용이 포함되는 것이 당연하기에 양에 대해서 생각해보지 않을 수 없다. 많이 읽을수록 지식이 늘어나는 것처럼 느껴지기 때문에 가능하면 많은 책을 읽어야겠다는 의지를 다지게 된다. 이렇게 독서량에 집착하게 되는 것은 지식의 양이 중요하다는 강박관념이 작용하는 탓이다. 하지만 지식이란 책을 읽은 양으로 따지기에는 아무래도 무리가 있다. 게다가 양을 따지다보면 자신도 모르게 남독으로 이어진다.

남독은 실제로 정신적 허영이자 허위의식의 산물인 경우가 많다. 다른 사람들에게 '나는 이 정도는 읽는다'고 자랑하고 싶은 마음이 강하게 반영된 것이다. 내용의 깊이보다 읽었다는 것 자체에 집중해 그것을 남들이 알아줬으면 한다. 이것이 허영이 아니고 무엇이겠는가? 그렇다고 지적 갈망을 무시하자는 말은 아니다. 지적 갈망은 사람에게 중요하고도 결정적인 요소다. 책을 읽는 사람이 지적 갈망이 없다면 아무런 발전도 없을 것이다.

앎으로 인한 즐거움과 통쾌함은 세상 그 무엇과도 바꿀 수 없는 훌륭한 경험이다. 하지만 지적 갈망과 지적 허영은 다른 것이다. 갈망은 읽고 싶은 마음의 반영이지만 허영은 읽고 싶은 마음이 아니라 자랑하고 싶은 마음이기 때문이다.

예전에는 교양을 중시했다. 교양이란 교육받은 사람들이 가지고 있는 훌륭한 품성을 말한다. 지금도 예전보다는 못하지만 기본적인 교양을 중요시하기는 마찬가지다. 때문에 책을 통해서 교양을 쌓으려는 사람들이 많고, 높은 교양을 쌓기 위해서는 다양하고 많은 책을 읽어야 한다. 하지만 교양은 꼭 책을 통해서 얻을 수 있는 것은 아니다. 많은 책을 읽어야만 생기는 것도 아니다. 자신에게 적절한 책 몇 권과 여유 있는 마음 하나로 충분할 수도 있다.

내가 아는 분들 중에는 평생 읽은 책이라야 소설 몇 권이 전부지만 훌륭한 인품과 따뜻한 마음씨로 책으로 쌓은 교양 이상의 힘을 발휘하는 분들이 많다.

문제는 자신의 부족한 교양을 책의 양으로 때우려는 조급한 태도에 있다. 저승에서 읽은 양에 따라 천국과 지옥으로 나뉘어가는 것도 아닌데 양에 집착하는 것은 참으로 안타까운 일이다. 물론 책을 좋아하고 그 자체를 아끼는 마음은 누구보다도 잘 이해한다. 하지만 그런 마음과 허영은 다르다는 점을 생각해야 한다.

말을 잘하는 방법 중에 말을 많이 하는 것은 포함되어 있지 않다. 말을 잘하는 사람은 적절하게 말하는 사람이다. 꼭 필요한 말을 꼭 필요한 때에 필요한 만큼만 한다.

책을 잘 읽는 사람도 많이 읽는 사람은 아니다. 자신에게 꼭 필요한 책을 필요한 때에 필요한 만큼 읽는다. 물론 책을 잘 읽는 사람이 되기 위해서는 기본적인 양의 독서는 꼭 필요하다. 하지만 필요 이상의 과욕은 허영으로 이어지는 법이다. 허영은 사람을 망치고 자신을 가둔다.

평생 읽은 책이 열 권도 안 되지만 진정한 삶에 큰 도움을 얻는 경우도 있다. 수천 권을 모으고 읽었지만 잡학에 불과한 경우도 있다. 수천 권을 모으고 읽었지만 삶에 아무런 힘이 되어주지 못하는 것은 무엇 때문일까?

책에 대한 사랑이 없기 때문이다. 책을 통해서 자신을 들여다보고 세상과 공명하는 사람은 무엇을 읽든 그것에서 자신에게 필요한 것을 찾아낸다. 반면 수천 권을 읽어도 소용이 없는 사람들은 책에서 지식 그 자체 혹은 다른 사람들을 들여다보고, 세상과 벽을 쌓아가기 때문에 무엇을 읽든 모든 것이 돌덩이가 되고 메마른 사막이 된다.

책을 읽으면 매력적인 사람이 될 수 있다고 믿는 사람이 있다면 그것은 큰 오산이다. 그 자체가 그의 매력을 빼앗아 버리기 때문이다. 매력은 이미 내 안에 담겨 있으며 책은 그것을 꺼낼 수 있는 것을 도와줄 수 있을 뿐이다. 지금까지 수많은 만남과 헤어짐이 있었고, 사랑을 펼칠 기회가 있었지만 그런 기회를 살리지 못했기 때문에 매력이 죽고 퇴색한 것이다. 매력은 책을 읽는다고 다시 살아날 것이 아니다.

좋은 독서가는 자신에게 필요한 책의 양을 적절히 조절한다. 남독이 되지 않도록 하고, 부족하지도 않도록 고려한다. 이때 '필요한 양'이 어느 정도인지는 판단하기 쉽지 않다. 직업에 따라서, 읽을 수 있는 환경에 따라서, 독서편력과 능력에 따라서, 또한 책의 난이도와 성격에 따라서 차이가 많이 날 수 있다.

굳이 책 읽는 양을 밝히라면 일주일에 한 권 정도를 권하고 싶다. 책을 읽는 것은 삶의 속도, 지향성, 에너지의 반영이기 때문에 최소한의 양을 지켜주는 노력은 필요하기 때문이다.

일 년에 200권 읽기

일주일에 읽을 수 있는 양은 들쭉날쭉하기 때문에 통계를 내는 것이 무의미하다. 하지만 일 년 동안 읽은 양을 알아보는 것은 가능하고, 유의미한 통계가 될 수 있다.

나는 인터넷서점에서 주로 책을 구입하기 때문에 일 년 동안 얼마나 읽었는지를 알아 보기위해 주문서를 정리해 보았더니 250권 정도가 나왔다. 그 중에서 약 50권 정도는 읽지 않고 고스란히 서재로 들어가 버린다. 그렇다면 200권을 읽었다는 결론이 나온다. 하지만 정확하게 말하면 200권을 다 읽은 것은 아니다.

내가 읽는 책들은 정독을 하는 책이 있고, 핵심만 골라서 읽는 책이 있다. 정독을 하는 책들을 세어보았더니 100권 정도였고, 나머지 100권 정도는 단락의 핵심만 뽑아서 읽은 것들이었다.

정독을 한 책들은 문학작품들과 철학책, 인문학 서적들이 대부분이었다. 핵심만 뽑아서 읽은 책들은 경제경영분야의 책들과 책을 고르는데 실패해 기대 이하의 내용을 담고 있는 책들이었다. 너무 실망스러운 내용이어서 첫 부분만 읽다가 아예 던져놓은 책들도 제법 되었다.

생산적 책읽기 두 번째 이야기
—읽고 정리하고 실천하기

책읽기는
과녁을 맞히는 활쏘기

"독서를 할 때는 가장 먼저 뜻을 세워야 한다."
−주희

외국에서 살다 온 공익근무요원이 있다. 토익성적이 만점이다. 직원들이 대입시험문제를 신문에서 보고 옥신각신하고 있을 때 그가 대입 영어시험문제를 한참 보더니 이렇게 말했다.

"이야! 요즘 애들 정말 대단해요. 이렇게 긴 지문을 다 읽고 달랑 문제 하나를 풀어내다니. 저는 도저히 시간이 부족해서 다 못 풀겠는데요?"

직원이 그 말을 듣고 웃으며 말했다.

"아니야. 요즘 애들은 문제를 읽고 지문에서 필요한 부분만 찾아서 봐."

"아! 그런 방법이 있었구나."

문제를 보고 지문을 읽으면 지문에서 무엇을 찾아내야 할지가 명확해진다. 목표가 명확해지면 자신에게 필요한 것이 무엇인지 알게 되고 필요한 부분을 찾아내서 읽을 수 있다. 이것이 목표가 가진 힘이다.

'내가 책을 읽는 이유는 무엇일까?'

자신이 어떤 책을 좋아하는지 알게 된 후에도 이 질문을 멈추어서는 안 된다. 그래야 그에 맞는 책을 고를 수 있다. 책을 읽는 이유가 곧 책의 종류를 결정하고 좋은 책을 고를 수 있게 한다. 목표가 명확하면 처음에는 고르기가 그토록 어렵던 책들도 조금씩 안개가 걷히듯 명확하게 보이기 시작하고 비로소 시야가 트인다. 마치 지구가 달을 끌어당기고 우리를 자신의 중심으로 다가서게 하듯 내게 필요한 내용과 필요한 책들이 찾아온다. 우리가 가진 관심사가 곧 우리에게 필요한 것들을 끌어당기는 것이다.

독서에서 목표와 지향성의 중요성에 대해서 이수광 선생은 이렇게 이야기하고 있다.

"독서를 하는 이치는 활을 쏘는 이치와 같다. 활을 쏘는 사람은 마음을 과녁에 집중시켜야 한다. 마음을 과녁에 집중시킨다면 비록 정확하게 맞히지 못한다 하더라도 화살이 그다지 멀리 어긋나 날아가지는 않을 것이다. 이와 같이 독서를 할 때에도 뜻을 세우는 일보다 우선하는 것이 없고, 자신이 지향하는 것을 밝히는 일보다 더 중요한 것은 없다."

책을 읽든 책을 고르든 자신의 행동에 대해 명확한 목표의식을 가져야 한다. 목표란 자신이 어디로 나아가고 있는지를 알려주는 지표와 같은 것이고 그것을 통해 우리는 그 지향점을 알 수 있다. 그 지향점이 명확할 때 활을 쏘는 사람의 마음처럼 필요한 책을 골라내고 필요한 내용들도 눈에 들어오게 된다.

목표를 이렇게 정하고 그 목표에 맞는 책을 고르다보면 다양한 제목과 내용들을 만나게 되고, 구체적으로 어떤 선택을 해야 할지 고민하게 된다. 이때 도움이 될 만한 중요한 지침이 하나 있다. 그것은 '원초적 욕망만 자극하는 제목은 피하라'는 것이다. 예를 들면 주로 이런 것들이다.

"10만원으로 100억 만드는 투자의 비밀"
"당신의 인맥을 1000명으로 늘려라"
"미치도록 공부해야 살아남는다"
"일류가 되는 다섯 가지 방법"
"무엇이든 할 수 있게 해주는 마법의 비밀"

이런 제목이나 주장을 담고 있는 책들은 대체로 세상을 이분법적인 시각으로 본다. 모 아니면 도라는 흑백논리로 세상을 보기 때문에 매우 단순하다. 선 아니면 악이고, 성공 아니면 실패다. 이분법적인 구분으로는 세상의 이치를 제대로 볼 수 없다.

이런 책들을 읽어본 경험에 따르면 이렇게 강한 주장을 펼치는 이면에는 부족한 내용과 근거가 불충분한 주장들을 숨기려는 불순한 의도가 숨어 있다. 내용에 자신이 없으니까 강하게 주장하려 하고, 근거가 부족하니 목청을 높일 수밖에 없다. 때문에 극단적인 표현을 사용하는 책들은 주장만 번드르르 할 뿐 별 내용이 없는 경우가 대부분이다. 게다가 시야가 단편적이고 좁아서 책을 읽는 사람들의 시선을 갇히게 하고 단조로운 사고로 이끈다. 이런 세계관에 갇히게 되면 하나밖에 모르고 둘은 생각하지 못하는 단순한 사람이 되거나 말초적이고 일시적인 것에 대한 집착으로 세상의 흐름을 보는 눈을 잃어버린 못난 사람이 되고 만다.

《일리아스》의 꾀돌이 오디세우스는 트로이성을 함락시키고 전쟁을 승리로 이끈다. 그는 고향 이타카로 돌아가면서 10년이라는 세월을 바다 위에서 떠돌며 험난한 모험을 하게 된다. 그 모험담이 담겨 있는 책이 《오디세이아》다. 그는 사랑하는 아내와 아들이 기다리는 고향으로 돌아가기 위해 온갖 노력을 다하는 과정에서 외딴 섬에 표류하게 된다. 바로 그곳에서 만난 마녀가 키르케였다.

키르케는 마법의 술과 지팡이로 남성의 몸과 마음을 빼앗아 파멸시키는 요부로 알려져 있다. 오디세우스 일행이 섬에 도착하자 키르케는 배고픈 선원들에게 고기와 술을 대접하며 유혹한다. 오랫동안 제대로 음식을 먹지 못한 오디세우스의 부하들은 허겁지겁 마녀의 유혹을 받아들이고 고기와 술을 배부르게 먹어치운다. 하지만 그 고기와 술은 모두 마법이 걸려있는 마물이었다. 고기와 술로 배를 채우던 부하들은 놀랍게도 모두 돼지로 변하고 만다. 먹고 마시는 일차적인 욕구만 추구하는 사람은 짐승 같은 존재라는 것을 말해주기라도 하려는 듯이.

　오디세우스의 부하들이 먹게 되는 키르케의 고기와 술은 재미있는 상징물이다. 바로 우리 육체의 쾌락, 원초적인 욕망의 덩어리를 상징하기 때문이다. 아무리 어렵고 힘든 상황이지만 눈앞에 보이는 고기와 술이라는 원초적인 욕망에만 눈이 멀면 돼지와 다를 바가 없다. 고기와 술에 눈이 멀게 되면 현실에 안주하게 되고 자신들의 근본적인 목적지인 고향에 도달할 수 없게 되는 것이다. 돈과 명예와 기술 같은 원초적인 욕망만 신봉하고 그것에 빠져 헤어나지 못하면 삶의 근본을 잃어버리기 쉽다.

　오디세우스가 겪은 것처럼 인생은 여행과 같다. 여행의 목적은 여행 그 자체다. 머무르는 것이 아니라 떠나는 것, 모든 것을 경험하는 것이다. 여행하는 사람이 길을 가지 않고 머무는 것은 인생을 가두는 일이다.

　우리 안의 원초적인 욕망들은 길을 찾아 떠나도록 하는 것이 아니라 안주하고 머물게 한다. 안주하고 머무는 삶을 선택하게 되면 그것에 대한 집착도 강해진다. 집착이 강해지면 진정한 자아는 힘을 잃게 된다. 힘을 잃은 자아는 물신주의에 빠져 남의 인생을 대신 살아주는 객체로 떨어진다. 단순한 욕망의 노예가 되어 인생을 잃어버린다. 때문에 단순한 욕망에 눈멀도록 유도하는 책은 위험한 책이다.

　여행에는 언제 어디로 가서 무엇을 하며 어디로 돌아올 것이라는 계획이 담겨 있다. 반면 방랑은 목적지가 없다. 이곳저곳 발길

닿는 대로 움직인다. 표류는 어떤가? 방랑은 자신을 찾기 위해서 스스로 떠돌아다니는 것이지만 표류는 무엇을 해야 하는지 어디로 가야 하는지 왜 그런지도 모르고 파도에 떠밀려 다니는 피동적인 것이다. 단순한 욕망에 눈이 머는 것은 표류하는 것과 같다.

욕망만 자극하는 책에 빠지면 삶의 기층에 숨은 진리를 발견하지 못한다. 자신의 인생을 제대로 경험해보지 못하고 다른 사람이 제공한 것만을 경험한다. 우리 삶에 철학이 필요한 이유가 여기에 있다.

독서에서 철학의 시작은 자신만의 책을 읽는 이유를 가지는 것이다. 책을 읽는 이유는 단기적인 경우도 있고, 장기적인 경우도 있다. 단기적인 경우는 필요성이고, 장기적인 이유는 삶의 의미와 관계가 있다. 이제 스스로 그 이유를 찾아나서는 여행을 떠나보자.

나는 왜 책에 그토록 매달리는가

좋아하기 때문이다. 그리고 일을 하는데 큰 도움을 주기 때문이다. 전자는 장기적인 이유라고 할 수 있고, 후자는 단기적인 필요성이라 할 수 있다. 이 두 가지 이유는 서로 통일될 수 있도록 적극적인 노력을 필요로 한다. 그 통일을 위한 노력의 일환이 책을 읽으면서 '깨어 있으려고 노력한다'는 것이다.

덕분에 내가 읽는 책도 두 가지 유형으로 나누어진다. 즐겁게 읽기 위한 책이 있고, 일하는데 도움을 얻기 위한 책이 있다. 전자는 꼼꼼하게 천천히 즐기면서 읽고, 후자는 핵심만 뽑아서 읽는다. 전자는 주로 문학작품이나 시집, 인문학서적들이고, 후자는 주로 경제나 경영, 자기계발과 관련된 것들이다.

많은 사람들은 경제와 경영, 자기계발과 관련된 책을 많이 읽어야 성공한다고 생각한다. 사실이기는 하다. 하지만 그것은 단기적인 면에서만 그렇다. 자신이 좋아하는 책을 꾸준히 읽어 자신을 폭넓게 성장시키지 못하면 단기적인 성공은 그것으로 끝날 뿐이다.

아무런 개성과 색깔이 없는 사람이 어떻게 다른 사람의 영혼에 울림을 줄 수 있겠는가? 자신이 좋아하는 책은 영혼에 색깔을 입혀주고 마음을 다채롭게 해준다. 그런 면에서 단편적인 성공을 위한 책들만 읽는 사람은 조급한 사람이며, 자신을 함정에 빠뜨리는 사람이다. 이러한 위험을 씻어낼 수 있는 길이 책을 읽으면서 깨어있기 위해 노력하는 것이다. 깨어 있으려는 노력으로 인해 경제경영서들을 읽으면서도 올바른 가치관에 따라 판단할 수 있게 된다.

생산적 책읽기 두 번째 이야기
— 읽고 정리하고 실천하기

좋은 책을 고르는 기술

"경험은 매우 엄격한 교사다.
경험은 우리에게 먼저 시험을 치르게 한 뒤 가르침을 주기 때문이다."
-제임스 러셀 로웰

올바른 목적을 가졌다면 이번에는 좋은 책을 실제로 고르는 기술에 대해서 생각해보자. 이 기술은 수많은 실패의 경험들을 통해서 배울 수밖에 없는 것이 사실이지만 조금만 신경을 쓰면 실패의 확률을 제법 줄일 수 있다.

나는 주로 인터넷서점에서 구입을 하는 편이다. 가격이 저렴하고 한꺼번에 여러 권을 사기 때문에 집으로 가져오면서 낑낑대지 않아도 된다는 점에서 좋다. 서점에서 좋은 책을 발견하면 가급적 한두 권 정도만 현장에서 사고, 나머지는 인터넷으로 주문하는 방법을 취한다. 물론 휴대폰으로 표지를 찍어두는 것도 잊지 않는다.

　인터넷을 통해서 자신에게 필요한 책을 고르는 것은 서점에서 책을 고르는 것보다 편리하기는 하지만 위험하기도 하다. 책은 나름대로 풍기는 분위기 같은 것이 있는 법이다. 인터넷에서는 서점에서만 맛볼 수 있는 분위기를 느낄 수 없고, 본문을 상세히 살펴보기도 어렵다. 하지만 편리하고 시간을 절약해준다는 중요한 이점 때문에 인터넷서점을 주로 이용하고 있다. 인터넷에서 책을 고르는 방법을 구체적으로 살펴보도록 하자.

　일단 목적을 가지는 것이 가장 중요하므로 '올바른 리더십을 배우겠다'는 목적으로 필요한 책을 구입한다고 가정해보자. 먼저 인터넷서점의 검색 기능을 이용하면 편리하다. 검색창에 '리더십'이라는 단어만 쳐도 수백 권의 책이 검색된다. 사실 수백 권이 검색되었다는 것은 제대로 된 검색이라고 보기 어렵다. 이럴 때는 내용을 좀 더 좁혀 들어가야 한다.

　리더십도 여러 가지 방향이 있다. 조직의 팀장으로서 필요한 리더십이 있고, 교사나 스승으로 필요한 리더십이 있으며, 자신의 삶을 훌륭하게 이끌어 가는데 필요한 셀프리더십도 있다. 따라서 자신의 목적에 맞게 분야를 좁혀서 검색하는 것이 좋다.

　검색창에 '셀프리더십'이라고 치면 비교할 수 있을 정도의 책들이 나온다. 이렇게 검색된 책들 중에서 자신의 상황이나 목적에 맞는 책들을 고르면 된다. 이때 검색된 책들이 마음에 들지 않거나 좀 더 확장하고 싶다면 '자기리더십' '자기경영' '자기관리'라는 식으로 조금씩 다른 용어를 넣어서 검색해본다. 그러자면 이 분야에 대한 기초적인 지식이 조금은 있어야 한다.

이 때 필요한 것이 인터넷 포털사이트에서의 검색이다. 포털사이트에서 '셀프리더십'을 검색하면 사전적 의미부터 대표적인 저자와 전문가들, 그와 관련된 카페나 블로그의 자료들이 펼쳐질 것이다. 이 내용 중에서 자신에 필요하다 싶은 것들을 눈여겨 보았다가 검색 키워드로 사용하거나 그 분야의 기초자료로 활용하면 좋다. 이렇게 해서 선택의 범위를 적당한 수준으로 좁히는 것이 필요하다.

사실, 나의 경우 필요한 공부를 할 때 특정한 키워드 몇 개를 넣어서 검색한 후 어느 정도 마음에 드는 책들은 무조건 사고 보는 경향이 있다. 이런 까닭에 한 분야를 공부할 때에는 약 50권 정도의 책을 사게 된다. 하지만 그 중에서 제대로 된 내용으로 학습하게 만드는 책은 10권 미만인 경우가 대부분이다. 나머지 책들은 그런 책들의 내용을 모방해서 다른 분야로 조금 확장을 시도한 정도이거나 완전히 엉뚱한 방향으로 이야기를 풀어놓아 내게는 전혀 도움이 안 되기 때문이다. 이런 경험 때문에 한 분야에 대해 공부를 할 때에는 그 분야를 대표하는 책들 10권 정도만 보면 충분하다는 느낌을 가지게 되었다. 문제는 그 10권이라는 옥석을 가려내는 것이다. 이 방법의 최대 약점은 약간의 경제적 출혈을 감내해야 한다는 점이다. 지금 제대로 읽지 않고 서재에 꽂혀있는 책들이 대부분 이런 과정으로 구매해서 실제 검열에서 탈

락한 것들이다.

책을 구체적으로 고를 때는 가장 먼저 목차를 본다. 목차를 보면 책의 주된 내용들이 일목요연하게 정리되어 있다. 저자가 무엇을 중요하게 생각하는지 어떤 것을 다룰 것이며, 어떻게 해서 어떤 결론에 이르는지 고스란히 드러난다. 덕분에 목차만 자세히 봐도 나에게 필요한 것인지 아닌지 충분히 알 수 있다.

어떤 사람들은 서문을 자세히 보면 책의 취지와 내용을 알 수 있어서 선택에 큰 도움이 된다고 한다. 사실이다. 하지만 그렇지 못한 경우도 있다. 서문은 글의 목적과 취지는 잘 드러나 있을지는 몰라도 그 책이 담고 있는 내용들까지 충실히 반영하지 못하는 경우가 많다. 글의 목적은 좋지만 그 목적을 달성하지 못하고 엉뚱하게 흘러가버리는 경우가 있기 때문이다. 따라서 서문보다는 목차가 책을 고르는데 더 유용하다고 믿는다.

저자를 살펴보는 것도 중요하다. 저자가 어떤 경력을 가졌고 어떤 삶을 살아왔는지를 알게 되면, 내가 원하는 목적의 글이 담겨 있는지에 대한 감을 잡을 수 있다. 저자가 회사의 CEO이거나 컨설턴트라면 사회적 성공이나 자기계발의 차원에서 셀프리더십을 다룰 것이고, 대학의 교수나 연구자라면 학술적인 내용이 많이 가미될 것이다. 요즘은 직장인들도 책을 쓰는 경우가 많다. 그런 책은 조직생활의 경험이 가미된 실제적인 사례들을 중심으로 재미있는 이야기들이 펼쳐질 것이다.

저자가 베스트셀러작가이거나 사회적으로 유명한 사람인 경우라 할지라도 목차를 살펴보는 노력을 게을리해서는 안 된다. 좋은 저자라고 해서 항상 좋은 책을 쓸 수 있는 것은 아니기 때문이다. 게다가 좋은 저자가 항상 나를 위해서 책을 쓰라는 법은 없지 않은가. 물론 마음속으로 정말 존경하여 그의 정신세계에 푹 빠진 경우라면 좀 다를 수 있다. 일단 구입하고 내 곁에 두는 것만으로도 충분한 보상을 줄 수 있기 때문이다. 그것은 존경하는 작가의 정신세계에 빠져본 사람만이 느끼는 희열 같은 것이다. 아무리 경제적 이유로 책을 고르는 기술을 고민하지만 이런 영역까지 경제성을 들먹일 수는 없는 노릇이다.

마지막으로 서평을 살펴보자. 서평은 독자들이 책을 읽은 후기를 올리는 곳이다. 그런데 이 서평은 사실 굉장히 문제가 많다. 출판사에서 이벤트를 통해서 서평단을 모집하고 책을 무료로 나눠 준 뒤 서평을 올리도록 유도하기 때문이다. 물론 공짜로 책을 얻었다고 해서 서평도 좋게 써준다는 보장은 없지만 어쨌든 약간의 작전이 개입되는 것은 사실이다.

여기까지는 괜찮다. 문제는 한 출판사의 여러 책들에 좋은 서평만을 올리는 서평 아르바이트생까지 생길 지경이라는 점이다. 이런 서평은 사람의 눈을 흐리게 하고 올바른 책을 고르는데 방해물이 된다. 이렇게 사람을 사서 올린 서평들은 쉽게 구분할 수 있다. 극도의 칭찬일색이기 때문이다. 이런 서평을 보고 있자면 가끔 웃음이 나온다. '이렇게 표시 나게 극찬을 하면 누구나 쉽게 알 수 있을 텐데……'

현실이 이러하니 서평을 더 이상 믿을 수 없게 되었다. 그래서 언제부턴가 서평은 아예 보지 않는다. 서평은 다른 사람들이 책을 고르는데 도움을 줄 수 있어야 한다. 그런 점에서 우리의 서평 문화는 분명 문제가 있다. 책에 별점으로 점수를 매기는 방식도 마음에 들지 않는다. 책은 사람마다 느끼는 것이 다르고 감동도 다른 법이다. 그것을 획일적으로 평점을 매긴다는 것 자체가 웃기는 일이다.

　이런 과정을 거쳐 책을 고르면 실패의 확률이 좀 줄어든다. 하지만 그래도 실패는 하는 법이다. 서점에 앉아서 책을 다 읽어보지 않은 다음에야 항상 필요한 책들을 골라낼 수는 없다. 인생을 경험한 후에 살아가는 사람은 없다. 그래서 실패라는 것은 필연적이다. 하지만 이런 조심스러운 몇 가지 방법들을 통해서 실패의 가능성을 줄일 수 있고, 그 과정을 통해서 책을 보는 시각을 조금씩 키울 수 있으니 그것으로 된 일이다. 그래도 선택에 실패해서 돈만 날렸다는 생각이 드는 사람이 있다면 피터 피터슨의 다음 말이 위안이 되었으면 싶다.

"경험하는 데 비용이 많이 들었을 것이다. 하지만 내 인생을 되돌아 볼 때 경험이라는 것은 늘 값으로는 도저히 치를 수 없을 만큼 귀중한 것이었다."

책 고르는 데에도 기술이 필요하다

1. 목적을 명확히 한다.

    내가 책을 읽는 목적은 무엇인가를 명확히 해두어야 책을 잘 고를 수 있고, 읽은 책에서 필요한 내용을 뽑아낼 수 있다.

2. 극단적인 제목은 피한다.

    빈 수레가 요란한 법이다. 극단적인 제목은 빈약한 내용에 대한 위장술이다. 게다가 극단적인 책을 읽으면 세상을 보는 시야가 좁아질 수 있다.

3. 목차와 서문을 꼼꼼히 훑어본다.

    서문은 책의 취지를, 목차는 책의 내용을 알려준다. 특히 목차는 필요한 내용이 있는지 잘 확인할 수 있는 좋은 자료다.

4. 저자와 이력을 확인한다.

    저자에 따라서 주제를 설명하는 방식, 자료를 제공하는 방식이 다르다. 저자의 성향과 직업을 알면 선택에 도움이 된다.

5. 서평에 현혹되지 않는다.

    서평은 객관적이지 못한 경우가 많다. 서평을 보는 눈을 키우거나 아니면 아예 서평을 보지 말자.

생산적 책읽기 두 번째 이야기
- 읽고 정리하고 실천하기

생산적 책읽기는
쉬운 책을 소화시키는 것

"사람들은 방향이 없는 게 진짜 문제인 경우에도 흔히 시간이 없다고 불평한다."
- 지그 지글러

사마천의 《사기》는 참으로 좋은 책이다. 읽다보면 책 속의 인물들이 마치 살아 움직이면서 눈앞에서 말하고 행동하는 듯한 느낌이 든다. 거기에 오늘과 같은 혼란한 시대에 어떻게 살아가야 하는가에 대한 훌륭한 가르침까지 더해져 역사책이란 이렇게 써야 한다는 모범이 되어준다. 《사기》는 문학적으로도 큰 가치가 있어 기전체(紀傳體)의 시초가 될 만큼 역사기록의 방식이 독특하고 후세대에 미친 영향력 또한 지대하다. 기전체는 역사적인 여러 인물들의 이야기를 이어감으로써 그 시대에 대해 살펴보는 방식을 말한다. 왕들의 전기인 〈본기〉와 신하들과 핵심 인물들의 전기인

〈열전〉이 그 핵심이다.

《사기》는 너무 방대하고 등장인물도 많아서 책을 좋아하는 독자라 할지라도 완독이 쉽지 않다. 〈열전〉을 보면 그 시대의 다양한 인물들이 계속해서 등장하는데, 시대적 상황과 함께 구체적인 대화들까지 자세히 기록하고 있어 웬만한 집중력이 아니면 완독하기 어렵다.

나 또한 《사기》를 꼭 읽어보고 싶어서 원전을 사 놓고도 시작만 했다가 끝까지 읽지 못하고 덮어 놓은 경험이 서너 번은 되는 것 같다. 그런 일이 반복되면서 자연스럽게 흥미를 잃어버리고 《사기》를 읽어봐야겠다는 열정이 점점 약해졌다. 두껍고 어려운 책을 읽게 되었을 때 찾아오는 어설픈 독서가의 한계였다.

평소에 고사성어 같은 교훈적인 이야기들을 좋아하는 관계로 그에 관한 책을 항상 곁에 두고 수시로 들여다보는 편이다. 그런 어느 날 문득 대부분의 고사성어들이 《사기》와 관련되어 있다는 사실을 발견하게 되었다. 그때부터 고사성어의 주인공 이름과 《사기》의 목차를 비교해 그 주인공들에 대한 이야기들을 골라서 읽게 되었다. 그랬더니 〈열전〉 속 인물들의 이야기에 재미가 생기고 그 단락들을 다 읽을 수 있게 되었다. 고사의 주인공들 중에서 《사기》에 등장하는 인물들이 워낙 많다보니 자연스럽게 〈열전〉의 대부분을 읽을 수 있게 된 것이다. 처음부터 끝까지 차례대로 읽은 것이 아니라 중간 중간 인물별로 읽는 것도 괜찮다는 것도 알게 되었다.

이런 경험으로 깨닫게 된 소중한 사실 하나가 있다. 그것은 아무리 욕심이 나더라도 두껍고 어려운 책부터 읽을 것이 아니라 쉽고 재미있는 이야기책부터 읽어가야 한다는 것이었다. 많은 것을 한꺼번에 알기 위해서 어려운 책부터 읽으면 뭔가를 알기도 전에 포기하게 된다는 사실을 경험으로 깨달았다. 그 후 중요한 원전을 봐야 할 때면 먼저 그와 관련된 개론서나 쉬운 책들, 심지어 만화책들까지 먼저 훑어보게 되었다. 이런 경험을 통해서 쉬운 책들이 참으로 유익하다는 사실도 절감하게 되었다.

쉬운 책은 핵심적인 내용을 아주 쉽게 풀어 준다. 때문에 적어도 하나는 확실하게 이해할 수 있게 된다. 이렇게 하나를 이해하게 되고 알게 되면 자신감이 생기고, 뿌듯함이 가슴에 남는다. 때문에 또 다른 책들도 읽을 수 있다.

쉬운 책은 공부하기에 좋고 사용하기도 쉽다. 개념을 정확하게 알고 그에 따른 사례를 말할 수 있게 되면 다른 사람들에게 읽은 것을 설명해 줄 수 있다. 어려운 책은 현실에서 찾기도 어려운 희귀한 사례들로 주장을 펼치지만 쉬운 책은 가족, 동료, 친구 사이에 흔히 있는 이야기들로 현장감 있게 설명한다. 때문에 쉬운 책은 저자의 사례가 아닌 읽는 사람의 사례를 연상시키도록 만들고 '그래 맞다, 나도 비슷한 경험을 한 적이 있었어'라고 무릎을 치게 만든다.

문제는 쉬운 책을 고르는 것이 쉽지 않다는 점이다. 너무 쉬우면 뻔히 아는 내용 같아 강한 독서의지가 생기지 않는 경우가 있다. 때문에 단지 쉽기만 해서는 안 되고 쉬우면서도 배울 점이 있어야 한다. 그럼 어떤 책이 쉽고 좋은 책일까?

쉽고 좋은 책은 기초적인 지식을 위해 필요한 개념정리가 잘되어 있다. 무엇인가를 밝히기 위해서는 자신이 주장하고자 하는 것의 기본적인 개념이 필수적이다. 개념이 없으면 말하고자 하는 것의 중심이 없게 된다.

자음과 모음 출판사에서 나온 '철학자가 들려주는 철학이야기 시리즈'는 이런 기본개념 정리에 충실한 책이다. 철학이란 개념 정리의 학문이라고도 할 수 있다. 이 시리즈는 그 점에 아주 충실하다. 사르트르, 토머스 쿤, 자크 라캉, 소크라테스 등 많은 철학자들의 이야기를 기본적인 개념 정리를 통해 알려주고 있다. 거기에 아이들의 이야기를 곁들여 어린이들이 쉽게 이해할 수 있도록 구성했다. 아이들을 위해서 만든 책이지만 어른들이 읽어도 손색이 없다.

쉽고 좋은 책은 이해하기가 쉬워야 한다. 쉬운 용어를 사용한다는 것은 책의 저자가 자신이 말하고자 하는 것에 대해서 충분하고도 확실하게 알고 있다는 것을 증명한다. 잘 알지 못하는 사람은 쉽게 설명할 수 없다. 잘 안다는 것은 사전이나 논문에 있는 자료를 외우는 수준을 말하는 것이 아니라 아는 것을 생활 속에서 실증할 수 있다는 것을 뜻하기 때문이다. 어려운 내용을 생활 속의 이야기들을 통해서 알려줄 수 있다면 일단 합격점을 줄 수 있다.

마지막으로 쉬운 책은 메시지가 분명한 책이다. 메시지가 분명하다는 말은 설명하고 주장하고자 하는 바가 뚜렷하다는 말이다. 모든 글이나 책에는 말하고자 하는 분명한 목적이 있다. 그 목적에 맞게 메시지가 명확하게 제시되는 책은 주장하는 것의 옳고 그름에 관계없이 쉽게 느껴진다. 주장이 옳은지 그른지 판단할 수 있다는 것은 주장하는 것이 분명하다는 증거이기도 하다. 어떤 내용은 무슨 말을 하는지 이해할 수가 없어 그것의 옳고 그름도 판단하지 못하는 경우가 있다. 이런 책들은 저자가 지식욕을 과시하기 위해서 쓴 책이거나 지금 사람들은 이해할 수 없는 너무 선구적인 책일 것이다. 어려운 책은 잘 읽혀지지도 않고 지겹다. 내용도 머릿속에서 잘 정리되지 않는다. 당연히 남는 것도 별로 없다.

　원전을 읽겠다는 의도도 좋다. 하지만 무리하게 욕심을 내는 것은 책에 대한 재미를 떨어뜨리고 시간을 허비하게 한다. 따라서 원전을 잘 이해하도록 돕는 좋은 책들을 찾아 읽는 것은 원전에 대한 배경과 개념을 쉽게 이해할 수 있도록 돕기 때문에 큰 도움이 된다.

　《사기》를 읽기 전에 《난세에 답하다》, 《2천년의 강의-사마천의 생각경영법》 같은 책을 먼저 읽는 것이 바로 이런 경우다. 이 책들은 사기의 전반적인 내용을 이해하기 쉽게 풀어주고, 저자의 독특한 사색까지 더해서 다음에 《사기》를 읽을 때 큰 도움을 준다.

　나는 아직도 《사기》를 처음부터 끝까지 읽지 못했다. 〈열전〉의 인물들을 살피다가 〈본기〉에 그 인물이 어디에 등장하는지 찾아보곤 한다. 그래도 괜찮다. 다 읽는 것이 목적이 될 수는 없는 일이다. 내게 필요한 것을 필요한 때에 알 수 있다면 그것으로 충분하지 않겠는가.

고사성어의 맛

나는 고사성어를 좋아한다. 한 페이지 정도의 짧은 이야기에서 어떻게 그런 멋진 삶의 교훈들이 흘러나오는지 감탄을 금치 못할 때가 많다.

때문에 여러 권의 고사성어집을 가지고 있다. 책에 집중이 잘 되지 않거나 짧은 시간의 여유가 생겼을 때 읽기에 안성맞춤이다. 중국의 고전들에 관심을 가지게 된 것도 고사성어 때문이었다. 동양철학서적들을 재미있게 읽을 수 있도록 해준 것도 모두 고사성어 덕분이었다.

중학교 2학년 때 사회선생님은 한자와 고사성어의 달인이었다. 수업시간마다 몇 개씩 알려주는 고사성어가 얼마나 재미있었는지 아이들 모두 그 시간만을 손꼽아 기다렸다. 심지어 정규과정을 마치고 보충수업을 선택할 때 영어나 수학과목이 아닌 사회과목을 신청할 정도였다.

그때 고사성어의 '맛'을 알려주신 선생님께 감사의 마음을 전하고 싶다. 혹시 이 책을 읽는 분들 중에 교사나 다른 사람을 가르치는 입장에 계신 분이 있다면 그 사회선생님처럼 학생들에게 배움이 얼마나 재미있고 즐거울 수 있는지 알려줄 수 있는 분이 되었으면 싶다.

배움은 인생 최고의 즐거움이다.

생산적 책읽기 두 번째 이야기 — 읽고 정리하고 실천하기

천천히 읽기 VS 빨리 읽기

> "창의적인 사람은 항상 어둠 속으로 두 걸음을 내딛는다.
> 여기서 중요한 것은 '두 걸음'을 내딛는 것이 아니라 '항상' 그렇다는 점이다."
> —데이브 앨런

"책에 재미를 붙이고 나니 내가 얼마나 부족하며, 알아야 할 것이 얼마나 많은지를 발견하게 되었습니다. 알아야 할 것들이 너무 많다보니 욕심이 좀 생기더군요. 그래서 빨리 읽기를 시작했습니다. 하지만 그건 아무나 하는 게 아니었습니다. 그래서 좀 더 체계적으로 배워볼까 생각 중입니다. 혹시 속독법이나 그와 비슷하게 책을 빨리 읽을 수 있는 방법에 대해서 알고 계시면 좀 알려주십시오. 그리고 그런 방법들이 유용한 것인지에 대해서도 의견을 말씀해주십시오."

어느 독자의 메일이다. 느리게 읽는 것과 빠르게 읽는 것, 과연 어느 것이 유용할까? 슬로우 리딩과 패스트 리딩의 문제는 딱히 결론이 있는 것이 아니다. 왜냐하면 책을 읽는 목적과 책의 종류에 따라 느리게 읽을 수도 빠르게 읽을 수도 있기 때문이다. 예를 들어 소설책이나 시집 같은 문학책들은 빠르게 읽는 것보다는 천천히 읽는 것이 좋다. 소설이나 시는 이해하기보다는 느껴야 하기 때문이다.

조정래 작가의 《태백산맥》이나 최명희 작가의 《혼불》같은 대하소설을 읽는다고 하자. 이런 책을 읽으면서 줄거리만 이해했다면 과연 읽었다고 말할 수 있을까? 김수영 시인의 〈풀〉이나 신동엽 시인의 시들을 빨리 읽고 내용을 알았다고 해서 과연 그것을 읽었다고 말할 수 있을까?

소설은 그것을 읽으면서 작가가 깔아놓은 시대적 배경과 독특한 캐릭터, 중요한 사건의 전환에 대한 복선들을 살펴보아야 한다. 그래야 읽는 재미도 느끼고 시대도 알 수 있으며, 작가가 창조한 캐릭터들을 통해서 인간을 이해할 수 있게 된다. 이런 것들은 분명 줄거리만 알아서는 느낄 수 없는 매력들이다. 빨리 읽어서는 시대적인 배경과 인물의 갈등을 이해하고 해결과정에서의 감동을 느끼기 어렵다.

김수영 시인의 〈풀〉과 신동엽 시인의 〈껍데기는 가라〉는 치열한 삶의 의지와 진실에 대한 강한 열망을 표현하는 힘을 가진 시들이다. 이런 시들을 읽으면서 내용을 이해하고 설사 그것을 외울 수 있다 하더라도 시가 가진 힘과 에너지, 지향하는 정신을 알지 못하면 읽어도 읽은 것이라고 할 수 없다. 이는 우리가 그토록 싫어했던 국어시간의 주제는 무엇이고, 수사법은 무엇이며, 저자는 누구인지에 대해서 사지선다형으로 일방적으로 공부하는 것과 다를 바가 없다.

  소설과 시는 모두 빨리 읽기보다는 느리게 읽는 것이 적합한 장르다. 물론 빨리 읽으면서도 정확하게 느끼고 음미하면서 읽을 수 있다면 빨리 읽어도 좋을 것이다. 하지만 빨리 읽는 방법들 중에서 정확하게 내용을 이해하고 감동과 에너지까지 느낄 수 있는 방법이 있다는 이야기는 듣지 못했다. 설사 그런 것이 있다고 해도 추천하고 싶지 않다. 감동을 느끼는데 시간을 따져야 한다면 도대체 감동이 무슨 소용이란 말인가?

  철학책이나 심리학책들 또한 다를 것이 없다. 철학책을 빨리 읽는 것은 무의미하기도 하거니와 사실상 불가능하다. 철학이나 심리학 분야의 책들은 저자들마다 독특한 개념을 사용한다. 우리가 흔히 생각하는 개념과 그들이 사용하는 개념은 다르다. 그래서 이런 분야의 책들은 개념을 이해하는데 많은 시간을 들여야 한다. 때문에 이런 책을 빨리 읽는다는 것은 아예 불가능하다. 《논어》를 읽으면서 빨리 읽으려는 사람은 도대체 어떤 사람일까?

  이처럼 대부분의 분야에서 패스트 리딩보다는 슬로우 리딩이 더 효과적이다. 굳이 분야들 중에서 패스트 리딩이 가능한 분야를 찾으라면 자기계발 분야가 아닐까 싶다. 자기계빌을 목적으로 하는 책들 중에는 가치관이나 태도를 다루기보다는 기술이나 단편적인 지식들을 다루는 것들이 많다. 이런 책들은 빨리 읽는 것이 오히려 효과적이다.

자기계발 분야의 책들 중에는 사람에게 열정을 부여하기 위해서 만들어진 책들도 있다. 이런 책들은 대체로 빨리 읽는 편이다. 속도는 에너지의 반영이기 때문에 열심히 읽으려는 마음 자체가 삶에 에너지를 주어 책의 내용에 더욱 몰입하게 만든다. 게다가 빨리 읽으면 얻게 되는 '이만큼이나 읽었다'는 뿌듯함이 자신을 즐겁게 해준다.

자기계발 서적들 중에서 일본에서 만들어지는 책들은 대체로 이런 빨리 읽기가 가능한 기술적 지식을 다루는 내용이 많다. 반면 미국에서 건너오는 책들은 가치관이나 철학을 다루는 경우와 지식과 기술을 다루는 경우로 나누어진다. 인도나 동양철학의 영향을 받은 자기계발서들은 그 배후에 각자의 철학이 숨어 있어 빨리 읽기가 적합하지 않다. 특히 인도철학의 영향을 받은 책들은 '삶의 속도를 늦추고 스스로를 돌아보라'는 내용들이 많다. 이런 책을 읽으면서도 빨리 읽기위해 노력하는 것은 책의 내용과도 상충하는 모순된 상황을 연출하는 격이다. 한 권의 책을 두고 이 책은 빨리 읽어야 좋고 느리게 읽어야 좋다는 식으로 딱 잘라서 말하기 힘든 것은 책을 읽는 사람의 목적에 따라서 방법도 조금씩 달라지기 때문이다.

무협소설이나 판타지소설을 읽는다고 하자. 같은 소설이지만 무협이나 판타지는 읽는 사람들이 대부분 시간을 즐겁게 보내기 위해서 혹은 흥미와 재미를 위해서 읽는 경우가 많다. 흥미와 재미를 위해서만 읽는다면 빨리 읽는 것도 추천할 만하다. 또한 다음 내용이 궁금해서 빨리 읽지 않을 수도 없다.

철학책이나 심리학, 시, 경영서적들을 읽는다고 하더라도 그것을 깊이 제대로 이해하기 위해서 읽는 것이 아니라 자신이 필요한 단편적인 내용만을 찾아내기 위한 것이라면 빨리 읽을 필요가 있다. 회사에서 쓸 자료를 찾기 위해 책을 읽는데, 처음부터 끝까지 천천히 하나도 놓치지 않고 읽으면 제한시간 안에 그것을 해내지 못할 것이다.

어렵고 두꺼운 책이라 할지라도 두 번 세 번 이상 읽어서 내용을 충분히 숙지하고 있다면 다시 읽을 때 속도를 내는 것이 도움이 된다. 속도감으로 인해 학습에 탄력이 붙어 빨리 읽어도 제법 깊이 있는 독서가 가능해지고, 나무를 보는 것을 넘어 숲을 보는 것이 가능해지는 장점도 있다.

《논어》의 한 구절을 통해서 배움을 얻는 것도 좋지만 《논어》라는 책에서 말하고자 하는 인간상과 삶의 철학에 대해서 이해하는 것도 중요하다. 그래서 나는 삼독 이상을 할 때는 제법 속도를 내는 편이다. 하지만 빨리 읽기는 큰 약점을 가지고 있다. 빨리 읽기는 문장력을 키워주지 않으며, 어휘력도 늘려주지 못하기 때문이다.

작가가 되고자 하거나 장차 글을 쓸 생각이 있다면 결코 빨리 읽기가 습관이 되어서는 안 된다. 좋은 글을 쓰는 작가들 치고 빨리 읽기를 통해서 문장력을 키웠다는 사람은 만나보지 못했다.

그럼에도 불구하고 우리가 빨리 읽기에 욕심을 내는 것은 무엇보다도 빠른 성취를 바라기 때문이 아닌가 싶다. 많은 지식을 얻어야 빨리 성취할 수 있을 것 같다는 생각이 그것이다. 하지만 가만히 생각해보면 많이 읽는다고 해서 빨리 성취하는 것이 아니라는 사실을 알게 된다. 빨리 읽으면 제대로 이해할 수 없다. 제대로 이해할 수 없으면 제대로 표현할 수 없다. 이것은 곧 토대가 취약함을 뜻한다. 빨리 읽기와 천천히 읽기의 장단점을 정리하자면 아래의 표와 같다.

빨리 읽기	느리게 읽기
속도가 주는 에너지	섬세한 몰입
많이 읽었다는 만족감	많이 느꼈다는 감동과 행복
빠른 정보취득	깊이 있는 이해
졸림 방지	졸릴 수 있음
일부 자기계발 분야의 책, 정보와 기술습득에 관한 책, 무협소설	철학, 시, 소설, 심리학, 역사 등의 인문학 서적들

책읽기는 천천히 음미하면서 읽는 것이 좋다. 속도의 문제는 방법론일 뿐이다. 중요한 것은 현명하게 읽는 것이다. 현명하게 읽는다는 것은 자신의 목적과 책의 성격에 맞게 느리게 혹은 빠르게 읽으며, 줄을 긋고, 필기하는 다양한 활동이 결합된 복합적 활동이다. 이것은 우리가 삶을 살아가는 자신만의 방법을 그대로 반영하는 것이기도 하다.

하루 50글자씩 이백 혹은 삼백 번 읽고 그 뜻을 새겨라

중국 송나라에 진정지라는 사람이 살았다. 그는 책을 좋아하고 공부하기를 즐겨 늘 지식에 목말라하고 있었다. 당연히 큰 학자가 되어 자신의 뜻을 펼치고 싶은 마음도 커졌다. 집에는 수천 권의 책이 쌓여 있어 공부도 열심히 했다. 하지만 자기만의 큰 깨달음이나 지식을 얻지 못하고 있다는 생각에 노심초사하고 있었다.

어느 날, 길을 가던 진정지가 우연히 대학자 주희를 만나 자신의 고민을 털어놓고 책 읽는 방법을 물었다. 주희의 대답이 이랬다. "앞으로 책을 읽을 때는 하루에 50글자씩 읽되 이백 혹은 삼백 번 정도를 반복해서 읽고 항상 그 뜻을 음미하도록 하십시오."

진정지는 그때부터 빨리 읽기를 그치고 주희의 말에 따라 책을 천천히 읽어 큰 학자가 되었다.

오래 기억 하고
정리하는 방법

생산적 책읽기 두 번째 이야기
―읽고 정리하고 실천하기

책읽기는 기술이 아니라 존재방식이다

"많은 것을 변화시키고 싶은가? 그렇다면 먼저 많은 것을 받아들여라."
–장 폴 사르트르

"지금의 불교를 공부하는 자들은 부처가 정반왕(靜飯王)의 지위를 버리고 설산(雪山)에서 고행한 일은 배우지 않고 그가 성불할 수 있었던 방법만 배웁니다. 지금의 공자를 공부하는 자들은 공자께서 재가(在家)할 수 있었던 것은 배우지 않고 공자처럼 될 수 있는 방법만을 배울 뿐입니다."

《분서(焚書)》로 유명한 이지(이탁오)의 글이다. 이지는 중국 명나라 때 지식인으로 공자와 기존 유학자들의 사상을 자기만의 방식으로 해설했다. 여기에 지식인들의 위선까지 폭로해 명·청 시대 가장 유명한 금서의 주인공이 된 인물이다. 그의 글로 미루어볼 때 예나 지금이나 무엇인가를 공부하는 사람들의 성공에 대한 조급한 태도는 크게 다를 바 없는 모양이다. 시대는 변하지만 인간의 본성은 쉽게 변하지 않음이다.

오늘날 우리 자신과 주변을 돌아보아도 그의 지적은 정곡을 찔러온다. 책을 읽고 많이 기억하고 널리 사용하기 위해 공부에 열을 올리지만 정작 책 속의 지식을 자기 것으로 소화하고, 몸에 붙도록 만들어서 자신을 변화시켜가는 일에는 소홀한 것이 사실이다. 주변을 둘러보면 수천 권의 책을 읽은 사람들이 더러 보이지만 현실에 대한 정확한 판단력과 강한 비판정신으로 시대를 올바르게 해석하면서 자신만의 삶을 개척해 나가는 사람은 드물다. 자신을 다스리려는 노력은 없고 세상을 다스리고 싶은 마음만 가득하다.

책읽기는 깨닫고 실천하는 것이 핵심이다. 그런데도 불구하고 많은 것을 얻기 위한 방법론에만 집착하다보니 '어디 새로운 방법이 없을까'하는 마음만 가득하다. 조급한 성공지상주의는 빨리 읽는 법, 오래 기억하는 법과 같은 부수적인 기술들만 눈에 보이게 하고, 책 자체를 통해 진리를 추구하려는 노력에는 인색하게 만든다.

지금 책을 놓고 '책의 내용을 오래 기억하는 방법'이라고 써보자. 그리고 자신이 알고 있는 방법들을 하나하나씩 적어보자. 제법 많이 적을 수 있다. 어떤 사람들은 전문가들보다 더 좋은 방법들을 가진 경우도 있다. 이렇게 아는 대로만 기록해 봐도 제법 많은 내용이 적힌다. 사실 우리에게 필요한 것은 이것만으로도 충분한 경우가 많다.

독서의 핵심은 읽고 실천하는 것이다. 책을 읽는 방법이 핵심이 될 수는 없다. 생산적으로 책 읽는 방법들은 책을 많이 읽어보면 자연스럽게 알게 된다. 그렇게 스스로 얻은 것이야말로 진정으로 자신의 것이 된다. 책 읽는 방법에 대한 고민은 책을 읽어가면서 해도 늦지 않은 것이다. 그런데도 굳이 책을 읽는 방법에 대해서 지나치게 고민하고 애를 쓰는 것은 지나친 관심이다. 책읽기 방법에 대한 책은 다른 책 100권을 읽고 한 권 정도를 읽는 것으로도 충분하다는 생각이다.

육상선수가 실제로 달리는 훈련보다 잘 달리는 방법에 대해서만 더 많은 시간을 들인다면 어떻게 될까? 그는 육상선수가 아니라 육상선수를 도와주는 트레이너나 코치가 되어야 할 것이다. 이럴 때 주객이 바뀐다. 직장인이 자기 일을 잘 하기 위해 실천하고 애쓰는 노력보다 연봉을 많이 받는 방법들만 연구하고 있으면 어떻게 될까?

노래 잘하는 방법을 아무리 많이 배워도 실제로 노래를 연습하지 않으면 아무런 소용이 없다. 영어를 잘하는 방법을 아무리 연구해도 현실에서 연습하고 훈련하지 않으면 외국인과 한마디도 할 수 없다.

책 읽는 방법에 대해서 이렇게 하라 저렇게 하라는 주장을 하는 사람은 많다. 하지만 책 그 자체를 통해 깨우침을 얻고, 세상의 진실과 울림에 닿고 있는 사람은 드물다. 모두들 열매에만 관심이 있고 땅속의 물과 영양을 흡수해 줄기와 잎으로 길어 올리는 수고에 대해서는 무관심하다. 사정이 이러하니 좋은 열매를 맺는 사람이 드물고, 어떻게 하면 좋은 열매를 맺을 수 있다는 식의 방법론만 무성해지는 것이다.

방법만 아는 것은 아는 것이 아니다. 이는 서울에서 부산으로 가는 길은 알지만 실제로 한번도 가보지 못한 사람과 같다. 길을 가봐야 어떤 고개가 있고, 어떤 꽃이 피었으며, 어느 갈림길에서 굽어가야 할지 알게 된다. 이러한 길에 대한 경험이야말로 우리가 세상을 살아가는 이유이자 존재의 방식이다.

방법만 있고 삶이 없으니 자기 스스로 깨친 것이 없다. 구체성이 없고 사례가 메마른다. 전문가가 되지 못하고 브로커만 양산된다. 고행은 하지 않고 성불할 생각만 하니 모두 도통한 듯 보이지만 알고 보면 땡중이고 사이비교주에 불과하다. 말만 있고 행함과 그로 인한 깨달음이 없으니 스스로가 고해인 셈이다.

생산적으로 책 읽는 방법을 연구하는 것보다 좋은 책 한 권을 읽고 감동해서 눈물을 흘리는 것이 훨씬 가치 있는 일이다. 책과 함께 웃고 울며 절망하고 감동하여 세상과 나를 살피는 그것 자체가 생산적인 책읽기가 아니고 무엇일까.

우리가 생산적이어야 하는 이유는 좀 더 나은 사람이 되기 위한 것이다. 예전의 자신보다 좀 더 나은 사람, 나은 능력, 나은 인격, 나은 태도를 갖추는 것, 그것이 참된 목적이다. 그런 능력과 태도와 인격은 방법을 아는 것만으로는 부족하다. 오로지 경험하고 느끼고 깨달아야만 한다.

책에는 기술을 전달해주는 책이 있고, 정신적인 에너지를 전해주는 책이 있다. 완벽하게 구분되지는 않지만 글을 쓴 목적에 따라 어느 정도는 구분할 수 있다. 기술을 전달하는 책은 어느 정도 한계가 있다. 반면 정신을 이야기하는 책들은 그 영향력이 끝이 없다. 방법이 아닌 정신을 고양시키기 때문에 고양된 정신으로 자신만의 새로운 방법을 창조하게 만든다. 저자의 훌륭한 정신이 좋은 기술 개발에 대한 의지로 연결되어 자신만의 기술을 탄생시키는 자극제가 된다. 이것이 우리가 정신을 고양시키는 책들을 소홀히 해서는 안 되는 이유다.

브로커가 되고 싶다면 책 읽는 방법을 연구하라. 명장(明匠)이 되고 싶다면 뚝심 있게 읽기를 반복하자. 책읽기는 삶의 기술이 아니라 존재방식이다.

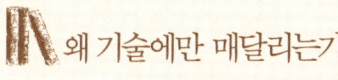 왜 기술에만 매달리는가

:

기술에 집착하게 되는 것은 그것이 빠른 성취를 가져다 줄 것이라는 믿음 때문이다. 누군들 빨리 성취하고 싶은 욕심이 없겠는가? 덜 고생하고 쉽게 얻을 수 있다면 많은 돈을 들여서라도 배우고 싶어질 것이다. 세상에는 이런 심리를 이용해 돈벌이를 하는 사람들도 제법 있다.

우리는 왜 빠른 성취를 바라는 것일까? 부와 성공을 가져다주기 때문이다. 사람들은 부와 성공은 곧 즐거움과 행복을 줄 것이라 믿어 의심치 않는다. 문제는 기술을 통해서 빠르게 성취를 하는 것이 부와 성공은 가져올지 모르지만 즐거움과 행복은 가져다주지 못하는 경우가 많다는 것이다. 왜냐하면 즐거움과 행복은 물질적 조건이 아니라 사람의 심리상태에 기대고 있기 때문이다.

물질이나 기술에 의존하면 건강한 자아를 형성할 수 없다. 물질과 기술에 종속된 자아는 그 물질과 기술이 약해지거나 사라지면 소멸할 위기에 놓인다. 때문에 그 물질과 기술을 잃지 않기 위해 집착하게 되고 그런 집착은 더욱 자아를 왜곡시킨다. 집착과 종속의 악순환은 반복되고 그 속에서 자신을 잃어간다.

생산적 책읽기 두 번째 이야기
— 읽고 정리하고 실천하기

새로운 창문을 찾아라

<small>내가 걷는 길은 험하고 미끄러웠다. 그래서 나는 자꾸만 미끄러져 길 밖으로 넘어지곤 했다.
그러나 나는 곧 기운을 차리고는 자신에게 이렇게 말했다.
길은 약간 미끄러울 뿐이지 낭떠러지는 아니야 라고. -링컨</small>

어린 시절, 무더운 여름 오후였다.

당시에는 제비가 무척 많았다. 논과 벌판이 온통 제비들의 천국이었다. 무더운 날에는 햇빛이 드는 대청마루보다 그늘이 드리워진 방이 시원할 때가 많았다. 시원한 방에 누워 낮잠을 자거나 쉬고 있을 때면 가끔 제비가 방까지 날아 들어오곤 했다. 처마 밑이 자기들의 집이었으니 방까지 못 들어올 것도 없었다.

마침 제비가 한 마리 방으로 날아 들어왔길래 장난삼아 급하게 방문을 닫아버렸다. 제비는 당황한 듯 이리저리 맴돌면서 어디로 나가야 할지 몰라 갈팡질팡하고 했다. 그렇게 10여분이 지나도 제비는 나갈 길을 찾지 못했다. 방에는 제법 큰 창문이 있었고 여름이어서 당연히 열려 있었지만 제비는 그 창문의 존재를 알지 못했다. 자신이 들어왔던 문 주위를 맴돌 뿐이었다.

한참 후 재미가 다한 내가 방문을 열어주었다. 제비는 잠시 머뭇거리다가 성급히 자유로운 하늘로 날아갔다.

제비는 바깥의 자유가 무척 그리웠을 테지만 나가는 길을 알지 못해서 많은 고생을 했다. 제비에게 좀 미안하기는 하지만 그 일은 나에게 좋은 교훈 하나를 알려주었다. 그 교훈이란 닫힌 출구를 돌파하려는 저돌적인 노력도 중요하지만 다른 길이 어디에 있는지 둘러보고 살펴보는 기술적인 부분도 필요하다는 것이었다.

아무리 해도 안 될 때는 다른 방법을 찾아보는 것이 현명한 일이다. 이것은 내가 삶의 문제에 부딪힐 때마다 경험하는 것이기도 하다. 삶에는 정신도 중요하지만 그 정신을 뒷받침해주는 문제 해결의 기술이 필요함을 절감하게 된다.

책읽기에도 이런 정신과 기술의 조화는 반드시 필요하다. 아무리 훌륭한 정신을 가지고 많은 책을 읽어간다고 할지라도 책읽기에 따른 현명한 기술을 가지지 못한다면 헛고생으로 끝나버릴 수도 있다. 열심히 노력하는데도 성과가 없는 것은 정신의 문제일 수도 있지만 기술적인 부분에 문제가 있을 수도 있다는 것이다. 이렇게 열심히 노력했는데도 결과가 형편없는 일이 반복되면 지나치게 에너지를 소모해 주저 앉아버리거나 책읽기 자체를 포기해 버릴 수도 있다. 그런 까닭에 책을 읽는 사람은 자기에게 적합한 독서의 기술을 가져야 한다고 믿는다.

  금고전문가는 금고를 잘 여는 사람이다. 금고를 열 수 있는 기술이 있어야 한다. 그 기술과 함께 금고에 대한 자기만의 철학, 즉 정신도 있어야 한다. 그래야 전문가라 할 수 있다. 무엇인가에 통달한 사람은 그것에 대한 정신과 기술을 다 가지고 있다. '왜 그것을 하는지'에 대해서 분명히 말할 수 있고, '어떻게 그것을 하는가'에 대해서도 남들과 다른 깊이 있는 노하우들을 가진 사람들이 전문가이다. 상대방이 전문가인지 아닌지를 알아보려면 이 두 가지 질문을 해보면 된다. 잡상인들은 자신이 왜 그 일을 하는지 설명하지 못한다.

  책을 꾸준히 읽어도 얻는 것이 없다면 이 점을 고민해보자. 자신의 독서기술에 부족한 점은 무엇이며, 어떤 기술이 도움을 줄 수 있을지 알아보는 것이다. 아마 독서의 기술과 관련된 책을 읽는 사람들이라면 이런 점에 집중하고 있을 것이다. 문제는 '기술'을 얻기 위해서 책을 읽다보면 기술이라는 것이 추상적으로 보인다는 점이다.

  사실, 시중의 독서방법에 관한 책들을 보면 '이렇게 읽어라'는 주장들이 많으나 대부분 추상적인 것들이다. '책은 꼭 사서 읽어라' '주기적으로 서점에 가라' '책을 내 것으로 만들어라' '한 달에 두 권은 읽어라' '많이 읽을수록 좋다' 등. 다 옳은 말 같지만 구체적으로 '어떻게?'라는 부분에 대한 답으로는 부족하다는 생각이 든다.

왜 그럴까? 그것은 독서에 대해 잘 아는 구체적인 전문가들이 부족하기 때문이다. 혹은 그 전문가들이 입을 다물고 있기 때문이다.

요즈음 나와 있는 독서법 관련 책들을 보면 깊이 있는 독서를 해서 자기만의 독서방법을 깨우친 사람들이 낸 책이 아니라 그냥 많이 읽고 책에서 받은 좋은 느낌들을 알리고 싶은 마음에 이런 저런 내용들을 정리해서 쓴 책들이 많다. 심지어는 이 기회에 책이나 한번 내보자는 식으로 남의 것을 자기 것처럼 이용하는 사람도 있다. 그런 사람들은 자기 것이 아닌 것을 자기 것으로 알리려고 하니 구체적일 수가 없다.

전문 독서가가 아닌 경우 구체적인 기술은 크게 중요하지 않을 수도 있다. 하지만 독서가 자신의 일과 꿈에 중요한 요소라고 판단되는 사람에게는 스스로의 기술을 개발하고 만들어가기 위해 애를 쓸 필요가 있다. 그 애를 쓰는 방법 중 하나는 지금까지와는 전혀 다른 방법으로 시도해보는 것도 포함된다.

빨리 읽기를 위해 노력했다면 이번에는 아예 아주 천천히 읽어보는 것도 그 방법 중 하나다. 좋은 결과를 얻기 위해 노력하는 사람들은 자연스럽게 빨리 읽으려고 하게 된다. 그런데 빨리 읽으면 오히려 원하던 것을 놓치기 쉽게 되고, 결국 좋은 결과를 얻으려는 목적에 닿지 못한다. 이런 과잉 의도는 우리 일상 곳곳에서 발견된다.

밤에 잠을 잘 못자는 사람이 '오늘은 꼭 빨리 잠들어야지'라고 결심하다가 오히려 잠을 쫓아버리게 된다. 헤어진 사람을 잊지 못하는 사람이 '잊어야지'하면서 잊으려고 노력하다 오히려 옛사랑의 기억이 더 강하게 떠오르기도 한다.

이럴 때는 아예 정반대로 생각해버리는 것이 좋다. 잠을 못자는 사람은 '오늘은 밤을 꼬박 새워보자'고 결심하라. 헤어진 연인은 소중한 기억이니까 '오래 간직해야지'라고 정반대로 생각하라.

책읽기도 이와 같다. 빨리 읽어서 결과를 내려는 욕심을 잊고 아예 천천히 읽으면서 여유를 가져보라. 그리하면 생각에 틈이 생겨 오히려 창의적인 사고가 발생하는 기회가 될 수 있다. 창의적인 생각이란 원래 약간 느슨한 틈을 타서 안개처럼 흘러들어 독사처럼 뒤통수를 치는 특성이 있기 때문이다.

똑같은 결과가 계속해서 반복된다면 분명 그것에 접근하는 방식에 문제가 있다는 신호로 받아들여야 한다. 문제 자체에 문제가 있는 것이 아니라 나 자신에게 문제의 뿌리가 있는 것이다. 이럴 때는 문제에 대한 생각을 잊고 나를 바꾸는 수밖에 없다. 그러자면 지금까지와는 전혀 반대되는 행동을 해보는 것도 도움이 된다.

빨리 읽기에 익숙한 사람은 천천히 읽기를, 천천히 읽기에 익숙한 사람은 빨리 읽기를 시도해보자. 혹은 책을 소중하게 다루는 경향이 있다면 낙서도 해보고 줄도 그어보고 접어보기도 하자. 책을 힘하게 다룬다면 이번에는 갓 태어난 아기를 다루듯 조심스럽게 다루고 깨끗하게 읽어보자. 읽은 책의 내용을 자신만의 방식으로 독서카드에 정리해보는 것도 좋을 것이다. 아예 책 한권을 그대로 베껴 쓰는 것은 어떨까?

다른 시도는 다른 경험을 의미한다. 다른 경험은 다른 느낌을 가져오고 다른 결과로 이어진다. 같은 방식은 같은 결과를 가져올 뿐이다. 다른 결과를 원한다면 나의 방식을 바꿔보는 방법밖에 없다. 방에 갇힌 제비가 열린 창문을 스스로 찾아야 하듯이.

정신과 기술, 하나로 묶어라

:
정신과 기술은 시소의 다른 측면에 위치하고 있다. 정신 쪽으로만 집중되거나 기술에만 집착하게 될 경우 중심이 무너진다. 중심이 무너지면 위험한 상황에 직면할 수 있다. 정신 쪽에만 집중하게 되면 세상 사람들이 속물로 보인다. 우쭐해지고 거만해진다. 세상과 담을 쌓게 되고 거리를 두게 된다. 하지만 자신이 손가락질하던 그 세상이 없으면 스스로의 정신을 인정받을 곳도, 사상을 실현할 곳도 사라진다. 이런 역설을 이해하지 못하면 산으로 들어가야 한다.

기술 쪽에만 집착하게 되면 세상이 기회로 보인다. 이렇게 하면 되고, 저렇게 하면 된다 싶어 열을 올려 기술을 찾아다닌다. 그렇게 기술을 배우고 늘려갔지만 시간이 지나 뒤돌아보면 아무것도 남는 것이 없다. 심지어 자신이 걸어왔던 길을 뒤돌아보기도 두려워진다. 거대한 공허가 자신을 지배해 버린다.

세상은 대립물들이 서로 균형을 이루도록 짜여 있다. 정신과 기술, 내용과 형식, 빛과 어둠, 하늘과 땅, 선과 악, 아름다움과 추함, 기쁨과 슬픔, 삶과 죽음, 너와 나······. 이 대립의 모순을 이해하고 받아들이지 못하면 고통은 멈추지 않는다. 성장도 기대할 수 없다. 독서라고 해서 다를 것이 없다.

생산적 책읽기 두 번째 이야기
— 읽고, 정리하고, 실천하기

좋은 책과 인연 맺기 위한 세 가지 마음의 기술

"이 지상에 흥미 없는 것은 없다. 관심을 갖지 않는 사람이 있을 뿐이다."
-체스터턴

'바빌로니아 사람들은 견고한 도시와 꼭대기가 하늘에 닿는 탑을 쌓음으로써 이름을 떨치려고 했다'

〈창세기〉에는 바벨탑이 세워진 이유를 이렇게 이야기하고 있다. 처음에 사람들은 모두 같은 언어를 사용했다고 한다. 같은 언어를 사용했으니 서로 말이 잘 통했다. 서로 말이 잘 통하니 갈등이 없었고 문명도 발전했다. 건물을 높게 올리는 기술도 당연히 좋아졌다. 점점 오만해진 인간들은 자신들의 기술을 자랑하기 위해 벽돌을 구워 견고한 탑을 쌓고 그 꼭대기가 하늘에 닿게 하고자 했다.

하나님이 보기에 이것은 웃기는 일이었다. 한낱 자연의 미세한 먼지에 불과한 인간이 그렇게 오만할 수가 없었다. 하나님은 일하는 사람들의 언어를 혼란하게 만들어 서로 의사소통에 장애를 일으키게 했다. 그러자 사람들은 뜻을 모으지 못한 채 탑도 완성하지 못하고 말았다. 그 후 인간들은 서로 다른 말을 쓰면서 멀리 흩어져 살게 되었다. 우리는 그 덕분에 오늘도 새벽밥을 먹는 둥 마는 둥하며 외국어학원으로 뛰어다니고 있다.

책은 우리에게 무엇일까? 이런 질문은 좀 추상적이다. 좀 더 구체적으로 해보자. 책을 통해 나 자신을 좀 더 이해하고 진정한 감동을 얻으며 인생을 슬기롭게 사는 지혜를 배우려면 무엇이 필요할까?

세상에 공짜는 없다. 책이라고 해서 읽는 사람에게 자신이 가진 모든 것을 거저 내놓지는 않는다. 분명 책을 읽는 사람으로서 가져야 할 준비 같은 것이 있음에 틀림없다. 생산적 책읽기의 기술이란 어떤 준비를 할 것인가에 대한 답을 찾는 것인지도 모른다. 과연 어떤 준비가 책이 진정으로 나를 도울 수 있도록 만들까?

그동안 책을 읽으면서 실패와 성공 같은 것을 반복해 온 경험에 따르면 세 가지 정도가 필요하지 않을까 싶다.

그 첫 번째는 바로 바벨탑 이야기에 숨겨져 있다.

바로 수용하고 존중하는 겸손한 마음이다. 인간은 겸손하지 못하고 오만했다. 자신의 기술과 문명을 맹신했고, 결국 하늘에 닿을 탑을 쌓아 스스로 이름을 떨치려 했다. 오만해진 인간은 자연의 순리와 법칙, 신의 섭리에 대해서도 콧방귀를 뀌게 되었다.

바벨탑의 후손인 우리들 또한 예외가 아니다. 온갖 유전자 조작과 개발이라는 명목으로 이루어지는 지구에 대한 엄청난 훼손이 그렇고, 부와 명예라는 그릇된 욕망으로 서로 간에 속임과 반목이 끊어지지 않는 것이 그렇다. 덕분에 우리는 가치 있고 의미 있는 삶을 위해 함께 나누어야 할 곳에서 먼저 가지기 위한 경쟁에만 혈안이 되어버렸다.

오만해진 인간의 태도는 책을 읽는 것에서도 그대로 드러난다. 겸손이 사라진 마음에는 좋은 책, 좋은 글귀가 들어올 수 없다. '소귀에 경 읽기'도 이렇게 허무하지는 않을 것이다. 좀 배웠다고, 먹물 좀 들었다고, 어깨에 힘주고 거들먹거린다. 아는 것이 쌓여서 자만이 되고 오만이 되어 권력으로 고착된다. 그러하니 새로운 말과 글이 귀에 들어올 리가 없다. 버리지 못하니 뭔가를 새롭게 채울 수도 없다.

무릇 책을 대하는 사람이라면 스스로 삽을 들고 자신이 딛고 오른 지식의 산과 욕망의 산을 파내야 한다. 매일 파내고 또 파내서 산이 언덕이 되고 언덕이 평지가 되게 해야 한다. 스스로 만든 바벨탑을 매일 허무는 것이야말로 사람들과 융화되는 첩경이다. 자신을 낮추지 않으면 높아진다. 높아지면 위험해진다. 스스로를 낮추어 겸손한 사람은 떨어져도 다치지 않는다.

두 번째는 책과 글 자체에 대한 애정이다.

책을 좋아하고 글을 사랑하는 사람은 수석수집가가 신기한 돌을 보듯, 난을 키우는 사람이 난을 돌보듯, 소설가가 자신의 글을 다루듯 해야 한다. 그렇지 않다면 결코 좋아한다고 할 수 없다. 애정이 없으면 경이로움을 얻을 수 없고, 경이로움이 없으면 감동도 없는 법이다. 책을 읽는 사람이라면 '어떻게 이런 표현을 사용할 수 있을까!'라고 감탄할 수 있어야 하고, '참으로 존경스럽다'며 무릎을 칠 수 있어야 한다.

2차 세계대전 당시 독일을 배경으로 어린 소녀와 가족, 주변 인물들의 변화와 성장을 다루고 있는 《책도둑》은 무릎을 치게 만드는 책이다. 삼십대 초반의 작가가 썼다고는 믿어지지 않을 만큼 묘사가 뛰어나고 언어가 정제되어 있으며, 감정도 절제되어 있다. 독자들은 절제된 것을 통해 자신의 마음속에서 상황을 창조하고 감정을 만들어낸다. 이런 책들을 보면서 어떻게 책을 사랑하지 않을 수 있겠는가. 한 권의 책이 수십 명의 인생이며, 동화이며, 신화인데, 어찌 소홀히 대하겠는가.

세 번째는 간절하고도 무궁한 지적 호기심이다.

사람은 다행히도 지적 호기심을 타고 나는 것 같다. 하지만 사람에 따라 그 호기심은 극도의 차이를 보인다. 어떤 사람은 세상의 모든 것이 궁금하기 때문에 견딜 수 없어 하는 반면 어떤 사람은 신기하고 놀라운 것을 보아도 시큰둥할 뿐이다.

아이들을 보자. 모든 것이 신기하고 놀랍다. 온통 호기심 투성이다. 별것 아닌 것에 무턱대고 웃어댄다. 아빠가 '멍멍'하고 개 짖는 소리만 내도 두 딸아이들은 바닥을 뒹굴며 웃어댄다.

어른들은 신기한 것이 없다. 놀랄 것도 없다. TV에서 수백 명의 사람들이 죽었다는 뉴스가 나와도 남의 일일 뿐이다. 지구의 또 다른 주인들이 살고 있는 갯벌을 인간의 욕심으로 짓이기고 파내고 거기에 콘크리트를 쏟아 부어도 별 말이 없다. 자신과는 무관한 일일 뿐이다. 그들은 늙은 것이다. 몸은 청년이지만 마음은 이미 여든을 넘은 노인이다.

이런 사람들이 책을 읽어서 무엇을 얻겠는가? 끊임없이 더 자극적인 것들만 추구하고 더 극명한 것들에만 눈독을 들인다. '왜 그럴까?'라고 자신에게 질문을 던지면서 스스로 답을 내 볼 생각도 노력도 없다. 이러하니 책이 자신이 가진 아이디어와 지혜를 보여 줄 리 만무하다. 가장 눈먼 사람은 보지 않으려고 하는 사람이다.

겸손과 애정과 호기심은 책을 읽는 사람이 가져야 할 가장 기본적인 품성이다. 자신을 낮추어야 다른 사람이 보이고 세상도 보인다. 책과 글 자체를 사랑하며, 세상을 호기심 어린 눈으로 바라보아야 새로운 것을 볼 수 있다. 내가 책이라도 건방지고 오만하며 나를 좋아하지도 않고 별 감정도 없는 사람에게 자신을 보여 주지는 않을 것이다. 언젠가는 사람들도 알게 될 것이다. 겸손과 애정과 호기심은 그 자체가 수단이 아니라 목적이며, 하나의 가치라는 사실을. 그것 자체가 성취요, 인성이며 완성이라는 것을.

"너나 잘하세요"

:

아내에게 바벨탑 이야기를 들려주면서 약간의 교훈을 알려주었다. 교훈이란 바벨탑 이야기에서 알 수 있듯이 사람들이 서로 의사소통이 되지 않으면 제대로 목적을 달성할 수 없다는 것이었다.
"집안에서도 의사소통이 잘 되어야 행복이라는 가정의 목적을 달성할 수 있어. 그러니 당신도 소리만 지르지 말고 제발 의사소통이 될 수 있게 대화를 하도록 노력 좀 해줘."

아내는 평소에 목청을 높이는 습관이 있어 대화라기보다는 일방적인 통보처럼 말을 하곤 한다. 자신이 보기에는 내가 사는 방식이 답답하고 어리숙하게 보이는 것이다. 상대적으로 목소리가 작고 말수가 적은 나로서는 강한 상대의 말투에 주눅이 들어 몇 마디 말도 못해보고 지는 경우가 허다했다.

아내의 습관을 고치고 그동안의 억압과 굴종에서 떨쳐 일어날 기회라도 엿볼 수 있지 않을까 싶어 바벨탑 이야기로 교훈을 들려줬더니 이런 대답이 돌아왔다.

"너나 잘하세요."

아직 우리 집 바벨탑은 공사 중이다.

휴대폰 카메라로 문장을 찍어라

"나는 항상 내가 할 수 없는 것을 한다. 그렇게 하면 할 수 있게 되기 때문이다."
-피카소

한번 읽었던 내용을 오래 기억할 수 있는 가장 기본적인 방법은 무엇일까? 그것은 자주 보고 자주 외우는 것이다. 아주 친한 친구의 이름처럼 수없이 반복되어 뇌리에 박혀버려야 한다. 이렇게 반복 학습된 친구 이름은 절대 잊혀지지 않는다. 단순하지만 가장 확실한 방법이다.

현대인들이 책을 자주 보고 그 문장을 자주 외우는 것은 환경적 여건상 참으로 어렵다. 읽었던 책을 모두 가지고 다닐 수도 없고, 책을 한 장씩 찢어서 다닐 수도 없다. 까닭에 나는 중요한 내용들은 수첩에 기록하여 다니곤 했다. 하지만 수첩이라는 것도 양의 제한이 있고, 부피도 있어서 불편했다. 지갑, 휴대폰, 열쇠, 책 등 가지고 다녀야 할 것이 너무 많아 주머니가 불룩해지곤 했다. 처음엔 몇 번 수첩을 가지고 다니다가 그 불편함에 그만 포기하고 말았다.

  최근에 수첩보다 좀더 수월한 방법을 발견했다. 이 방법은 아주 편하게 사용할 수 있으면서도 수첩을 가지고 다녀야 하는 불편함이 없다. 무게도 별로 없어 수시로 사용할 수 있는 독특한 방법이다. 그것은 바로 휴대폰의 카메라 기능을 이용하는 것이다.

  휴대폰의 카메라 기능을 이용해 좋아하는 구절들을 사진으로 찍어두면 반복해서 좋은 구절을 읽을 수 있어 큰 도움이 된다. 카메라의 화소가 약해 책을 찍어도 잘 보이지 않는 경우 내용을 종이에 크게 적어서 찍거나 컴퓨터에 입력해 화면을 찍어두면 된다. 실제로 나는 이 방법을 이용해서 많은 명언들을 외우고 있는데, 글을 쓰거나 사람들에게 말할 때 큰 도움이 된다.

  이 방법의 최고 장점은 언제 어디서든 쉽게 이용이 가능하다는 점이다. 휴대폰은 항상 가지고 다니기 때문에 지하철이나 버스 같은 복잡한 곳에서나 길을 걸어가면서도 사용이 가능하다. 심지어 화장실에서도 사용할 수 있다.

  좁은 지하철에서는 신문은커녕 책을 펼치기도 어려운 경우가 많다. 이럴 때 사람들의 땀 냄새에 짜증을 내기보다 휴대폰을 살짝 꺼내 찍어두었던 책의 구절들을 읽으면 지식의 축적과 함께 심리적 자기관리까지 할 수 있어서 아주 좋다.

화장실에서는 특별히 할 일이 없다. 신문을 가져가는 사람도 있지만 휴대폰 하나면 걱정 없다. 그동안 찍어두었던 자료들이 좀 쌓이면 자료를 쭉 훑어보는 것만으로도 화장실에서의 시간을 알차게 보낼 수 있다. 게다가 생리적인 현상을 해결하는 육체적 만족과 책에서 읽은 철학적 내용을 음미하는 정신적 만족의 컨버젼스 상태를 생각해보라. 참으로 알차고 바람직한 일이 아니겠는가.
　외우는 데는 역시 반복이 최고다. 길을 걸어갈 때는 특히 한 구절을 집중적으로 외우면 좋다. 발걸음에 박자를 맞추어 외우다 보면 자연스럽게 좋은 구절들이 주는 운율의 맛도 느낄 수 있게 된다.
　여기서 중요한 것은 어떤 구절을 사진으로 찍어둘 것인가 하는 점이다. 먼저 책에서 읽었던 좋은 구절들과 외울 필요가 있는 구절들을 찍는다. 책에는 핵심을 담고 있는 반복해서 봐야할 구절이 반드시 있기 마련이다. 예를 들면 이런 구절들이다.

> "우리의 삶에 진정한 목표가 있다면 그것은 바로 삶을 경험하는 것, 고통과 기쁨 모두를 경험하는 것이다."–조셉 캠벨
> "인간은 강인함으로 인해 위대해지지만 약점을 통하지 않고서는 완성되지 않는다."–은희경
> "가르치는 것은 두 번 배우는 일이다."–조지프 주베르
> "사랑합니다. 미안합니다. 나를 용서하세요. 고맙습니다."
> –《호노포노포노의 비밀》

"모든 사람의 인생은 신의 손으로 쓰인 한편의 동화다."
-안데르센

 휴대폰의 카메라 기능은 대체로 책 한 줄을 다 찍으면 겨우 읽을 수 있을 정도로 화질이 좋지 못하다. 이렇게 한번 찍어서 잘 보이지 않을 경우 한 줄을 두 개의 사진으로 나눠 찍기도 한다. 이런 소소한 방법들은 자꾸 하다 보면 자연스레 취득하게 될 것이다.
 이렇게 휴대폰 카메라로 찍어두고 외워둔 구절들은 아주 유용하게 사용된다. 처음 만난 사람과의 서먹서먹한 자리에서 말꼬리를 이어나가는 역할을 해주기도 하고, 사람들 앞에 나가서 발표를 해야 하는 상황에서 유명한 사람들의 명언을 통해 이야기를 끌어내도록 돕기도 한다. 실제로 회식자리에서 인사말을 어떻게 해야 할까 고민하다가 휴대폰 카메라의 안데르센 명언으로 인사말을 시작한 적이 있다.
 "동화작가 안데르센은 '모든 사람의 인생은 신의 손으로 쓰인 한편의 동화다'라고 했습니다. 그에 따르면 한 사람의 인생은 모두 소중한 것이고, 자신의 입장에서는 모험과 사랑이 가득한 한편의 책이라는 것입니다. 오늘 참석하신 여러분들은 어떤 동화를 쓰고 계십니까?……."
 책에 쓰인 구절 외에도 찍어두어야 할 것들은 얼마든지 있다. 화장실에 가면 좋은 구절들을 많이 만난다. '남자가 흘려야 할 것은 눈물만이 아닙니다'와 같은 구절들은 좀 그렇지만 웬만한 화장실에는 예쁜 종이로 명언들을 적어 코팅해 붙여 둔다. 그런 구절들 중에서 마음에 와 닿는 구절들을 자주 만난다. 그럴 때 구절을 선택한 사람들의 감각을 느낄 수 있어서 즐겁다.

화장실의 명언뿐만 아니라 관공서 입구에 붙어 있는 문구나 플래카드, 심지어 간판까지도 찍어둔다. 너무 남발해서 찍는 것은 문제가 되겠지만 자기 나름의 느낌이 왔을 때에는 일단 찍어두어야 한다. 그렇지 않으면 다음에 그 장면이 생각나지 않아 애를 먹고 후회하게 될 것이다.

휴대폰은 사고 싶은 책의 제목을 찍어두는 용도로도 유익하다. 서점에 가면 이런 용도로 휴대폰을 이용하는 사람들이 제법 있다. 카메라 기능이 용돈을 아끼는 데도 한몫하고 있는 것이다.

마지막으로 훌륭한 효능 하나는 재미있는 이야기들을 기억하는 용도와 관련이 있다. 주변의 재미있는 이야기를 들었는데 금세 잊어먹고는 '그게 뭐였지?'하며 아쉬워했던 기억이 있을 것이다. 이런 상황을 예방하기 위해서 방금 들었던 이야기의 핵심내용이나 키워드를 간략하게 정리해서 자신에게 문자 메시지를 보내곤 한다. 혹은 메모장 기능을 이용해서 기록하고 저장해두면 좋다. 기록은 기억의 아버지다.

좋은 구절을 기억할 수 있는 방법은 반복적으로 보고 이해하고 외우는 것이 최선이다. 휴대폰에는 그것을 도와주는 좋은 기능들이 무수히 많다. 휴대폰만 잘 써도 큰 도움을 얻을 수 있다는 사실을 기억하고, 휴대폰을 적극적으로 활용하자.

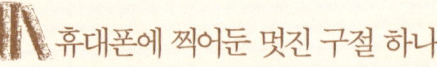 휴대폰에 찍어둔 멋진 구절 하나
:

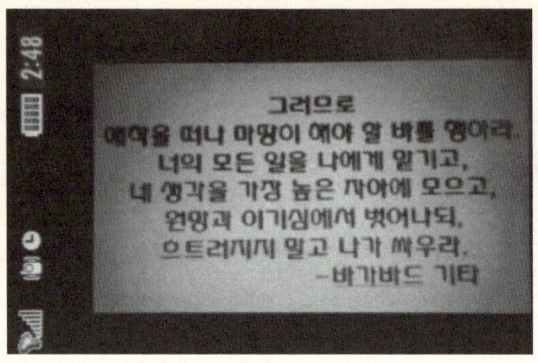

생산적 책읽기 두 번째 이야기
—읽고 정리하고 실천하기

사라진 기억을 재생시키는 포스트잇

> "넘어야 할 한계가 없다면 도착한 뒤의 기쁨은 반으로 줄어든다.
> 건너야 할 어두운 계곡이 없다면 정상에서의 경이로움은 반으로 줄어든다."
> —헬렌 켈러

"헨젤과 그레텔은 가난한 나무꾼의 아이들이었다. 엄마가 죽자 계모가 들어왔는데 가난에 찌든 계모는 아이들을 숲 속에 내다 버리라고 종용한다. 아버지는 어쩔 수 없이 아이들을 숲속에 내다버리지만 계모의 계획을 엿들은 아이들은 숲으로 가는 길에 하얀 조약돌을 하나씩 버려 표시를 해둔다. 아이들이 무사히 돌아오자 계모는 다시 아이들을 유기하도록 시킨다. 조약돌이 없었던 아이들은 아껴둔 빵조각을 숲속 길에 버리지만 안타깝게도 숲속의 동물들이 먹어버려 돌아갈 길을 잃게 된다. 이후 헨젤과 그레텔은 숲속을 헤매다가 마녀에게 사로잡히는 고초를 치른다."

읽었던 책을 오래 기억하는 방법 중 포스트잇을 사용하는 것은 대단히 효과적이다. 헨젤과 그레텔이 숲속에 표시해 둔 조약돌처럼 포스트잇들을 따라가며 읽다 보면 책의 내용을 쉽게 이해할 수 있게 되고, 반복의 효과도 얻을 수 있게 된다.

나는 책을 읽으면서 중요한 구절에는 형광펜이나 볼펜으로 밑줄을 긋고 다시 읽어야 할 곳에는 반드시 포스트잇을 붙여둔다. 책을 다 읽고 나면 형광펜으로 그어진 부분과 포스트잇이 붙어 있는 부분을 찾아 다시 읽는다. 읽은 것들을 금방 잊어버린 경험들이 만들어낸 대안들이다. 이것은 두 가지 효과가 있다. 하나는 방금 읽었던 책을 다시 읽기 때문에 두 번 읽는 것과 비슷한 효과를 낼 수 있다는 점이다. 다른 하나는 어떤 내용이 책 어디쯤에 위치하고 있는지 기억하는데 도움을 얻을 수 있다는 점이다.

책에 이처럼 표시를 해두면 꼭 필요한 때 필요한 내용을 쉽게 찾아낼 수 있다. 나처럼 책을 통해서 강의자료를 준비하고, 글을 쓰는 데 도움을 얻는 사람들에게는 아주 유용한 방법이라고 자부한다. 물론 일반 직장인들이 업무자료에 활용하고 삶에 도움을 얻기 위한 방법으로도 아주 유용할 것이다. 게다가 이렇게 예쁘게 포스트잇을 붙여두면 책을 다 읽은 후에 뿌듯함 같은 것도 느낄 수 있다. 내용이 정돈되어 있다는 기분과 함께 책을 읽은 표식을 남겨두었다는 정복감 같은 것이 그것이다. 덕분에 자신의 독서에 대한 자부심이 강해지고 재미가 붙는다.

그렇다면 어떤 부분에 어떻게 붙여야 할까?

중요한 문장, 활용 가능성이 높은 문장, 창의성이 뛰어난 문장, 핵심정리가 되어 있는 부분에 주로 포스트잇을 붙인다. 이때 포스트잇은 색깔별로 구분을 하는 것이 편리하다.

 창의적인 표현이 담겨있는 문장에는 빨간색 포스트잇을 붙이고, 저자가 말하고자 하는 핵심이 잘 정리된 부분에는 파란색을 붙인다. 생활 속에 숨어있는 중요한 사례나 이야기들이 있는 곳에는 노란색을 붙인다. 이렇게 세 가지 색만을 사용하는 데는 나름의 이유가 있다. 너무 많은 색을 사용하면 현란하기만 하고, 오히려 혼란만 가중되기 때문이다. 획일적으로 한 가지 색만 사용하면 내용의 구분이 안 되기 때문에 편리성이 떨어진다. 이런 경험으로 세 가지 색을 사용하는 것이 가장 적당하다는 판단이 생긴 것이다.

 가끔 생활이 나태해지고 매너리즘에 빠졌을 때에는 책장에서 아무 책이나 꺼내 빨간색 포스트잇이 붙어 있는 곳만을 찾아 읽곤 한다. 그러면 기분이 나아지고 괜히 창의적으로 세상을 살아야겠다는 생각이 들면서 기분이 좋아진다. 때때로 책의 핵심내용을 알고 싶으면 파란색이 붙어있는 페이지를 골라 읽는다. 강의를 할 때 소개할 좋은 사례나 글을 쓸 때 뒷받침이 될 수 있는 이야기들을 찾아낼 때는 노란색이 붙은 곳만 읽는다. 이렇게 하면 제법 편하게 작업을 할 수 있어 오랫동안 이런 방법을 애용하고 있다.

 포스트잇을 붙일 때는 책을 덮었을 때 2mm정도만 튀어나오도록 붙이는 것이 좋다. 너무 많이 튀어나오게 붙이면 찾아서 펼칠 때에는 편하지만 책장에 책을 꽂아두면 튀어나온 포스트잇 부분이 구겨져서 보기가 사납다. 너무 적게 튀어나오도록 붙이면 펼치기가 어렵다. 그래서 2mm정도가 적당한 것이다. 이것도 하다보면 요령이 생겨 자기만의 방식을 가지게 될 것이다.

　나는 읽어야 할 책을 고른 후 책의 표지 뒤에 세 가지 색의 포스트잇 여러 장을 미리 붙여둔다. 요즘 포스트잇들은 색깔별로 나오기 때문에 같은 색이 수십 장씩 묶여 있는 경우가 많다. 그것들 중에서 적당한 양의 포스트잇을 표지 다음 페이지에 붙여두면 버스에서건, 거리에서건 어디에서라도 사용할 수 있어서 편리하다.

　물론 지금 내가 사용하고 있는 포스트잇의 용법은 참고용일 뿐이다. 사람은 누구나 책을 읽는 목적에 차이가 있고, 사용되는 부분도 다르다. 따라서 포스트잇을 사용하는 것이 전혀 필요하지 않은 사람도 있고, 절대적으로 필요한 경우도 있을 것이다. 게다가 색깔이나 사용방법 등은 필요와 성격, 목적에 따라 자신에게 맞게 적당하게 구성해 볼 필요가 있다. 구체적인 방법들은 직접 사용하다 보면 감이 저절로 오는 법이다.

　가끔 유치원에 다니는 아이들이 아빠의 책에는 예쁜 스티커들이 많다며 공들여 붙여 놓았던 포스트잇들을 떼어 자기들 소꿉놀이 도구로 이용하기도 한다. 그럴 때 포스트잇은 하얀 조약돌이 아니라 빵 부스러기가 되고 나는 길을 잃을 위기에 처한다. 하지만 어떠랴. 아이들이 숲속의 동물들처럼 즐거워하고, 나는 돌아갈 길을 어느 정도 가늠할 수 있으니 그걸로 된 것이 아니겠는가.

같은 색 포스트잇 어떻게 구할까?

시중의 문구점에 가면 대부분 각기 다른 색의 포스트잇이 열 가지 이상의 색으로 구성되어 있다. 이 상품은 다양성이라는 부분에서는 만족도가 높지만 색깔이 너무 많아 현란하다. 모양은 적절한데 필요없는 색깔이 너무 많다. 그래서 생각해낸 것이 한 가지 색의 포스트잇을 구입해서 적당한 크기로 자르는 것이다.

시중의 상품 중에는 단색으로 된 것들 중에 2cm정도의 넓이로 판매되는 것이 있다. 이 상품을 사서 크기를 5mm크기로 자르면 한 가지 색의 포스트잇을 많이 얻을 수 있다. 좀 귀찮은 방법이긴 하지만 나는 이런 작은 작업들이 책을 더 효과적으로 읽을 수 있도록 돕는다고 믿기에 재미도 있고 즐겁기도 하다.

〈자르기 전〉   〈자른 후〉

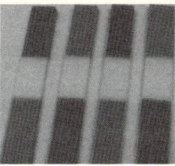

생산적 책읽기 두 번째 이야기
—읽고 정리하고 실천하기

'사례'가 기억을 돕는다

"우리는 사람들에게 그 어떤 것도 가르칠 수 없다.
우리가 할 수 있는 일은 다만 그들이 자기 안에서 무엇인가를 찾도록 돕는 일이다."
-갈릴레오 갈릴레이

읽은 책을 한 장의 종이로 정리하면 책의 전체 흐름을 알 수 있을 뿐만 아니라 핵심도 잘 이해할 수 있고, 오랫동안 기억하는데도 도움이 된다. 그냥 읽었다고 끝낼 것이 아니라 읽은 후의 정리작업이 있어야 책읽기의 효과가 극대화 될 수 있다.

책을 읽은 후 효과를 높이는 방법 중에서 꼭 기억해두어야 하는 것이 바로 구체적인 사례를 기억하는 것이다. 여기서 말하는 구체적인 사례란 책에서 말하는 내용을 증명해주는 이야기나 증거 같은 것들이다.

구체적인 사례를 기억해두어야 하는 이유는 정리된 내용이 오랫동안 머릿속에 남기 때문이다. 정리된 내용은 잊어버려도 사례는 오래 기억되는 경우가 많다. 왜냐하면 오래전부터 우리는 '이야기'에 푹 빠져 살아왔기 때문이다.

우리나라 사람들은 어렸을 때부터 할머니 머리맡에서 호랑이 담배 피던 시절의 이야기들, 곶감이야기, 도깨비 이야기들을 숱하게 들어온 까닭에 이야기에 아주 익숙해져 있다. 게다가 이야기는 주인공과 사건들이 흥미진진하게 이어지기 때문에 논리보다 감성을 크게 자극한다. 우리가 영화, 연극, 드라마, 소설과 같은 이야기들을 좋아하는 것은 다 이러한 이유가 있는 것이다.

누군가 책을 읽고 '겸손'이 중요하다는 것을 느꼈다고 하자. 겸손이 중요한 삶의 태도로서 내가 가꾸어가야 하는 품성이라고 생각했다면 그 품성을 갖추기 위해 노력해야 한다. 누군가 자신을 과하게 칭찬하는 경우 스스로를 낮출 수 있어야 하고, 좋은 일을 한 뒤 남들에게 거들먹거리는 일도 피해야 한다. 그래야 겸손하다고 말할 수 있을 것이고, 배운 것이 삶에 도움을 주게 될 것이다. 그러자면 겸손에 대한 대표적인 이야기들을 기억해두는 것이 도움이 된다. 이야기를 통해서 우리는 자신과 주인공을 비교하거나 일치시킬 수 있으며, 결국 자신을 발견할 수 있기 때문이다.

조선 초기의 대표적인 지식인이었던 맹사성은 관직의 주요 요직들을 거치고 정승에까지 오른 청백리로 유명한 인물이다. 그는 불과 열아홉의 어린 나이에 장원급제하였고, 스무 살에 군수가 되었다. 모든 백성들이 그를 칭찬했고, 우러러보았으니 그의 위엄과 자만이 어떠했을지 짐작이 간다.

　어느 날, 맹사성은 지혜롭다고 알려진 한 무명선사를 찾아갔다. 이유는 아마도 그에게 자신의 지식과 지혜를 알려 기를 꺾고자 함이었던 듯하다.

　"스님이 생각하시기에 이 고을을 다스리는 군수로서 내가 무엇을 어떻게 해야 한다고 생각하십니까?"

　공손히 묻는 듯했지만 '니가 얼마나 아는지 보자'는 시비가 담긴 말투였다.

　"나쁜 일을 하지 말고 착한 일을 많이 베푸시면 됩니다."

　"그건 삼척동자도 다 아는 것인데 먼 길을 온 내게 해 줄 말이 고작 그것뿐이오?"

　스님은 거만하게 말하고 일어서려는 맹사성에게 차나 한 잔 들고 가라고 붙잡았다. 그런데 차를 따르던 스님이 찻잔이 넘치도록 차를 따르는 것이 아닌가.

　"스님 물이 넘쳐 방바닥을 망치고 있습니다."

　맹사성이 놀라 소리쳤다. 스님은 여전히 태연하게 계속 찻잔이 넘치도록 차를 따르고 있었다.

　화가 난 맹사성은 더 큰 소리로 "물이 넘친다니까요!"라며 소리를 쳤다.

　스님이 맹사성을 지긋이 바라보면서 하는 말,

　"물이 넘쳐 방바닥을 적시는 것은 알고, 지식이 넘쳐 인품을 망치는 것은 어찌 모르십니까?"

스님의 말을 들은 맹사성은 부끄러움으로 얼굴이 붉게 달아올랐고 황급히 일어나 방을 나가다가 그만 문틀에 머리를 세게 부딪치고 말았다. 스님이 그 모양을 보고 이렇게 말했다.
"고개를 숙이면 부딪치는 법이 없습니다."
  이 이야기는 겸손뿐만 아니라 지식을 쌓아가면서 주의해야 할 것들이 무엇인지를 잘 알려준다. 공부를 많이 하다 보면 세상의 현상들을 나름대로 해석할 수 있게 된다. 이때 겸손이 사라지고 지식이 넘치게 되면 '다 안다'는 식으로 사물을 대하게 된다. 책을 봐도 그 내용이 그 내용이고, 학자들의 이야기를 들어도 뻔한 것처럼 느껴진다. 그러다 보면 스스로 교만해지고 인품을 망치게 된다. 가끔 이 상태에서 오랫동안 버티고 있는 사람들을 만나기도 하는데 그들은 고개를 숙이는 법이 없다. 자신을 모르기 때문에 문틀에 머리를 부딪치고도 다른 사람과 세상의 잘못만 탓한다.
  공부하는 사람은 진리에 목말라 하고 오만을 두려워해야 한다. 너무나도 알아야 할 것이 많기에 인생이 짧음을 아쉬워해야 하는 것이 책 읽는 사람의 태도다. 이런 이야기를 읽고 감동한 사람들은 이야기를 기억하게 될 것이다. '겸손해야 한다'는 지침보다 이런 이야기들이 더 큰 교훈을 준다.
  그렇다면 사례들을 기억해두면 어떤 유익한 점들이 있을까?
  사례를 기억해두면 자신과 주인공을 비교하거나 동일시해서 스스로를 경계하게 되고, 교훈에 따라 살아가려 한다. 개념이나 정의, 지침만 머릿속에 남겨두는 것보다 훨씬 강한 실천력으로 자신을 만들어갈 수 있다. 이야기는 다른 사람들에게 말을 할 때 좋은 근거로 작용해 말에 설득력을 높여 준다. 주장은 사례가 곁들여져야 비로소 힘이 생긴다. 사례들이 주장을 뒷받침하고, 사람들의 마음속으로 파고 들어갈 수 있는 틈을 만들어주기 때문이다.

주장이 논리라면 그것을 뒷받침해주는 이야기는 감성이다. 주장과 논리는 반박을 사기 쉽다. 설사 그것이 옳은 것이라고 해도 받아들이는 사람이 받아들이고 싶지 않으면 어떤 핑계를 대서라도 거부할 것이다. 반면 이야기와 감성은 거부감이 적다. 좋은 이야기는 마음을 열어준다. 말을 잘 하는 사람은 이것을 안다. 그가 말을 하는 방식은 좋은 사례를 들려주고는 살짝 논리를 더해서 마무리한다. 그것이 설득력을 주고 저항감을 녹인다는 것을 잘 알기 때문이다.

글쓰기 도우미 '사례'

사례를 기억해두면 좋은 점이 또 있다. 바로 글쓰기에 도움이 된다는 사실이다. 나는 글을 쓸 때 책을 읽으면서 모아두었던 사례들을 적극 활용한다. 책을 읽어본 경험으로 좋은 이야기들이 훌륭한 글의 재료가 되고, 글맛을 더해준다는 것을 알기 때문이다. 좋은 글은 쉽고 간단하기 때문에 구체적인 사례나 이야기가 필수적이다.

구체적인 사례들을 기억하는 좋은 방법은 자신의 말이나 글로 표현하는 연습을 하는 것이다. 다른 사람에게 들려주듯이 이야기를 혼자 연습하거나 글로 표현하는 것을 반복하다보면 자연스럽게 재미있게 이야기하는 기법도 향상된다.

처음은 실패의 연속일 것이다. 책에서 재미있는 이야기를 읽고 다른 사람에게 들려줬는데, '완전 썰렁함'을 한번쯤 경험해 보았을 것이다. 이야기 자체가 재미없는 것일 수도 있지만 더 큰 이유는 이야기하는 방법이 재미가 없기 때문이다. 하지만 포기할 이유는 없다. 표현력은 늘게 마련이다. 다른 사람에게 이야기를 들려주기 전에 충분히 연습하고 반복하다 보면 비로소 맛깔나게 이야기를 할 수 있게 된다.

책을 읽고 내용을 정리했다면 그 한쪽 귀퉁이에 그것을 뒷받침하는 이야기들을 기록해두자. 그리고 잘 표현할 수 있게 연습해보자. 표현력이 향상되고 설득력이 높아지며, 읽은 것을 오래 기억하는데 큰 도움이 될 것이다.

―생산적 책읽기 두 번째 이야기
―읽고 정리하고 실천하기

시간과 장소가 '기억'을 붙잡는다

"자신을 이끌려면 당신의 머리를 사용하고,
다른 사람을 이끌려면 당신의 가슴을 사용하라."
―존 맥스웰

"어떤 집을 방문했을 때의 일이다. 그 집에 들어가 보니 글 읽는 책상에 비스듬히 세워져 있는 판자가 눈에 뜨이길래 무엇이냐고 물어보았다. 그랬더니 누워서 글을 읽는 책상이라고 했다. 글을 읽을 때는 정신을 가다듬고 단정히 앉아도 도리어 잠이 쏟아져 막을 수가 없다. 하물며 누워서 책을 보는 것이야 말해 무엇하겠는가? 글을 읽는 책상 앞에서 다리를 벌리고 앉거나 비스듬히 기대어 앉는 자세는 이미 글을 읽겠다는 본래의 뜻과는 거리가 멀어도 한참 먼 태도임이 분명하다."
―이익《성호사설》

이익 선생은 책을 읽는 자세에서 이미 책과의 승부가 결정 난다는 중요한 사실을 지적하고 있다. 책을 읽을 때는 눈만 책을 보고 있다고 되는 것이 아니다. 마음 또한 책을 향하고 있어야 한다. 그런 마음은 책을 제대로 읽어보겠다는 강한 에너지가 되어 바른 자세를 가지도록 만들고, 몸의 전체적인 지향점이 책으로 쏠리게 한다. 이런 건강한 자세야말로 책에서 자신이 원하는 것을 얻을 수 있는 강한 힘을 가져다준다.

어떤 사람들은 '나는 소파에 기대서 편하게 읽을 때 잘 읽혀지던데요'라고 말하고 싶을지도 모르겠다. 그것은 개인의 특성이니 가타부타 말할 바가 못 되는 듯하다. 집중이 잘되고 잘 읽히는 곳에서 읽는 것이야말로 최선일 것이다. 장소가 중요하다는 말이 아니라 자세, 태도가 중요하다는 말이다.

이렇게 적극적인 자세로 책상에 앉아서 공부하듯 하는 책읽기는 인문학, 자기계발서적이나 경제경영분야의 책에 어울릴 것 같다. 반면 문학의 경우는 좀 다를 수 있다. 소설이나 시와 같은 문학작품을 읽을 때는 반듯한 자세가 아니어도 좋을 것이다. 드러누워서 혹은 엎드려 보는 것이 오히려 좋을 때도 있다.

문학작품을 읽는 것은 어떤 논리를 배우기 위한 것이 아니다. 전투적으로 문학작품을 읽으려고 해서는 오히려 줄거리와 작품 성향, 주제 같은 지식류들만 얻게 될 것이다. 오히려 느슨하고 편안하며 논리적인 책을 읽을 때와는 다른 접근이 필요한 것이 문학이다. 비뚤어지고 누운 자세는 우리가 책을 다른 관점에서 보도록 도와준다. 침대와 책이 어울리는 것이 이 때문이고, 소파도 좋은 독서의 장소가 될 수 있는 것이다.

시를 읽는 사람이 허리를 곧게 펴고 똑바로 의자에 앉아서 연필을 손에 쥐고 무엇인가 중요한 것을 찾아내려는 듯 연구에 몰두하고 있다고 생각해보자. 이 장면은 어디서 많이 본 장면과 비슷하다. 바로 우리의 국어시간이다. 이것은 느끼는 책읽기가 아니다. 공부하는 책읽기이며, 문제해결을 위한 책읽기이다. 문학은 문제를 풀지 않는다. 오히려 문제를 제기한다. 문학이 제공하는 문제를 찾아내기 위해서는 기존의 방식보다는 자유스럽고 열려 있는 구조가 좋다. 그 열려 있는 구조는 풀어헤쳐져 있는 우리의 생각, 침대나 방바닥, 사랑하는 사람의 어깨와 관련이 더 깊다.

우리는 적절한 장소와 적절한 책의 궁합에 대해서 생각해 볼 필요가 있다. 《경영학개론》은 침대보다 책상이 좋을 듯하고, 《서른 잔치는 끝났다》는 침대나 소파가 적당할 것 같다. 《나르치스와 골드문트》는 버스나 기차 안이 어울릴 듯하고, 《금강경》은 숲속의 조용한 정자가 제격이리라. 책은 그것이 다루고자 하는 주제와 형식에 따라 어울리는 곳이 있다고 믿는다.

책과 장소의 궁합은 우리의 기억에까지 영향을 미쳐서 어떤 책을 어느 곳에서 읽었는지를 기억해낼 수 있게 한다. 이런 기억은 우리의 두뇌를 자극해 그곳에서 어떤 구절을 읽었는지까지 꺼낼 수 있게 도와준다. 비록 완벽하지는 않더라도 말이다.

《책도둑》이라는 책을 볼 때면 소파라는 공간과 늦은 밤이라는 시간이 생각난다. 아이들을 재우느라고 잠시 잠들었다가 눈이 떠져 잠이 오지 않아 읽기 시작한 책이었다. 하도 재미가 있어 200페이지를 넘게 그 자리에서 읽고 말았다. 다음날 출근이 염려되어 어쩔 수 없이 잠을 청하긴 했지만 세 시간 동안 소파에서 앉았다 기댔다 드러누웠다 하면서 읽던 재미는 잊혀지지 않는다. 그때 읽었던 내용들도 어느 정도 기억한다. 루디가 제시 오언스처럼 4관왕을 목표로 달리다가 일부러 실격을 당하는 대목이 마지막 대목이었다.

그 후부터 재미있는 사실 하나를 알게 되었다. 책을 읽으면서 읽었던 장소와 책을 연결시켜 놓으면 기억에 크게 도움이 된다는 사실이었다. '이 책은 버스에서 읽었어. 그때 어디를 가고 있었냐면 광주에 친구를 만나러 가는 길이었어' '이건 지하철에서 읽었는데 내 옆에는 어떤 아주머니가 앉아서 졸고 있던 기억이 나'라는 식으로 기억할 수 있는 책이 되는 것이다. 그러면 그때 읽었던 책의 내용도 장소와 시간, 특정한 사건들과 연관이 되면서 내 몸 속에서 오랫동안 기억에 남게 된다.

사랑하는 사람과의 사연이 깃든 책은 잊을 수 없다. 책과 사람이 연결되어 기억을 자극하기 때문이다. 이런 경향은 책에 대한 감동이 클수록 더욱 강화된다. 감동적인 내용을 읽었을 때는 세상 모든 것이 아름답게 보이고 좋아 보인다. 그런 기분으로 주변을 살펴보고 감동의 장소와 시간을 연결시켜 두면 오래 기억에 남는다. 기분 좋은 일의 경험은 잘 잊혀지지 않기 때문이다.

책에 대한 애정이 있고 읽은 것을 오랫동안 기억하고 싶은 바람이 있는 사람들이라면 어렵지 않은 일인 듯싶다. 조금만 연관성을 가지도록 노력하면 오랫동안 기억하는데 도움이 된다. 내용과 장소와 시간의 연결. 어차피 기억이란 연관성이 높은 것이 많을수록 오래 가는 법이니까, 여러 상황들과 연결될수록 더 오래 기억될 것이다.

지금 책을 읽고 있다면 이 책을 어디에서 읽고 있는지 사진을 찍듯이 기억해두는 것은 어떨까. 가능하다면 주위의 물건이나 환경들과 내용을 연관시켜두면 더 좋을 것이다. 책과 삶이 연결되면서 나와 하나가 되는 느낌은 참으로 행복한 경험임이 분명하다.

'감동'이 '감동'을 낳는다

사람은 자신이 가진 것만을 줄 수 있다. 돈을 가진 사람이 돈을 줄 수 있듯이, 열정을 가진 사람이 다른 사람에게 열정을 줄 수 있다. 리더십을 가진 사람이 리더십을 줄 수 있고, 힘을 가진 사람이 힘도 줄 수 있다.

현대사회의 중요한 능력 하나가 바로 다른 사람을 감동시킬 수 있는 능력이다. 이것은 성공의 기본이며 핵심이다. 다른 사람을 감동시킬 수 없으면 물건 하나도 제대로 팔 수 없을 것이다.

다른 사람을 감동시키려면 우선 자신이 감동해 보아야 한다. 음악을 듣고 감동한 사람이 감동적인 음악을 만들 수 있다. 책을 읽고 감동해 본 사람이 감동적인 책을 쓸 수 있다. 우리 삶의 모든 분야에서 이것은 공통된다. 다른 사람을 감동시키고 싶다면 먼저 감동할 수 있는 사람이 되자. 그것이 하찮은 것일지라도 먼저 감동할 수 있는 사람이 되자. 그렇지 못하면 우리의 어떤 것도 다른 사람의 마음을 움직이지 못할 것이다.

나는 감동할 수 있는 사람일까? 내 책은 사람들의 마음을 울리고 있을까?

A4 한 장으로 정리하기

"그래서 나는 바로 이 글을 쓰고 있다.
나는 무슨 일이든 글로 써보지 않고선 제대로 이해하지 못하는 인간이기 때문이다."
–무라카미 하루키

무라카미 하루키의 《상실의 시대》를 읽다가 펜으로 진하게 밑줄을 그었다. 그도 나처럼 무슨 일이든 글로 써보지 않으면 이해도 잘 안 되고 정리도 안 되는 사람이었던 모양이다. 사실 그와 나뿐만 아니라 대부분의 사람들이 그럴 것이다. 책을 읽고 그냥 생각만 하는 것과 글로 써보는 것은 아주 큰 차이가 있기 때문이다.

《생산적 책읽기50》에서도 밝혔지만 나는 책을 읽은 후에 A4크기의 종이 한 장으로 정리하려고 노력한다. 정리를 하다 보면 몰랐던 흐름이 이해가 되고, 생각이 정리되면서 좋은 아이디어가 떠오르는 경우가 많다. 모든 책을 다 정리할 필요는 없겠지만 읽다 보면 정리를 해봐야겠다 싶은 책이 있다. 이런 책은 반드시 정리를 해야 제대로 이해가 되고, 다음에 사용할 때도 편리하다.

사람은 생각하는 것만으로는 정리가 안 되는 동물이다. 정리가 되려면 눈으로 볼 수 있게 구조화되어야 한다. 뻔히 아는 것처럼 생각되는 내용도 직접 글로 써보면 느낌이 완전히 달라지고, 알지 못했던 부분들이 새록새록 돋아나면서 훨씬 많은 것들을 얻을 수 있다. 글을 쓰면서 단어와 문장의 의미를 다시 한번 생각하게 되고, 새로운 의미로 확장되기 때문이다. 이 과정에서 자신도 모르던 새로운 논리가 개발되고 완성되는 경우가 많다.

우리의 머리와 가슴 속에는 수십 년 동안 배우고 느끼고 경험했던 경험자료들이 누적되어 있다. 글을 쓸 때에는 그 자료들을 불러와 이리저리 엮어보고 혼합해보고 괜찮다 싶으면 양념을 첨가해 새로운 이야기들을 펼쳐나간다. 결국 괜찮은 무언가를 엮어 새로운 생각을 만들어 환호성을 지른다. 이런 과정을 거치면 책이 깔끔하게 정리되고, 생각이 확장되어 나만의 논리가 완성된다. 제대로 된 책의 비평이 가능해지는 것이다.

요즘은 책의 서평을 블로그나 카페에 올리는 경우가 많다. 좋은 서평들을 보면 자기만의 논리로 책을 이해하고 있다는 것을 느낄 수 있다. 제대로 이해를 해야 평가도 제대로 할 수 있다.

요즘 대학노트를 사서 한 페이지에 책 한 권을 정리하고 있다. 낱장으로 기록해두면 관리하기가 어렵고 잃어버리기 쉽다. 정리를 할 때에도 원칙이 있다. 한 장을 넘기지 말자는 것이다. 한 장이 넘어가면 너무 길어져 복잡해진다. 복잡한 것은 제대로 이해한 것이 아니다. 단순하게 정리할 수 있어야 제대로 이해한 것이다. 잘 모르면 복잡하게 표현하게 되어있다. 한 페이지를 넘기지 않는 것이 좋은 것도 이 때문이다. 눈으로 단번에 볼 수 있어야 한다는 것이다.

또 다른 원칙은 책이 나오게 된 배경은 반드시 들어가야 한다는 것이다. 책이 나오게 된 배경을 모르면 단편적인 이해밖에 안 된다. 단순한 지식이 될 뿐 책에서 감동을 얻거나 미래를 예견하거나 힘을 얻기 어렵다. 배경은 책이 나오기까지의 시대적, 사상적, 개인적 흐름들이 담겨 있다. 거기에 저자가 책을 쓰게 된 에피소드까지 담겨 책의 핵심이 무엇인지 알려준다.

배경을 요약할 때는 길게 쓰면 안 된다. 한두 줄로 바로 알아볼 수 있게 적어야 한다. 전체적으로 한 장을 넘기면 안 되기 때문이다.

제목과 저자, 배경을 기록한 후에는 키워드를 적어본다. 책이 다루고 있는 내용을 함축할 수 있는 키워드는 몇 개 되지 않는다. 키워드를 가지게 되면 책의 주제와 주장하는 바가 명확해진다. 책에 대한 이해가 쉬워지고, 오래 기억하는데도 도움이 된다. 구체적인 내용은 잊어버려도 키워드는 기억되는 경우가 많다. 예를 들어 《상실의 시대》의 키워드는 '청춘'과 '상실'이고, 《죽음의 수용소에서》의 키워드는 '삶의 의미'이며, 《코끼리와 벼룩》은 '1인기업가와 거대기업'이 키워드일 수 있다.

키워드를 작성한 후에는 구체적인 핵심내용을 기록한다. 물론 책의 종류와 다루는 방식에 따라 내용은 달라진다. 때문에 이 부분은 약간의 시행착오와 경험에서 오는 노하우가 필요하다.

읽은 책이 자기계발서라면 원리와 방법들을 기록하고, 사례를 간단하게 정리하는 것이 좋다. 자기계발서는 자신의 필요에 맞게 정리하는 것이 중요하다. 책에서 말하는 원리와 그 원리가 적용된 사례를 기록하고, 자신에게 어떻게 적용하면 좋겠다는 식으로 정리하면 충분하다. 정리를 하다 보면 책에서 주장하는 내용의 허점이 발견되기도 할 것이다. 이런 내용에 집중하다 보면 자신도 모르게 새로운 논리가 개발된다. 이것은 저자도 가지지 못한 중요한 것이다. 책의 원리가 나의 경험과 결합되어 새롭게 탄생한 논리는 누구도 가지지 못한 나만의 것이기 때문이다.

문학서적은 인물의 특성을 이해하는 것이 중요하다. 인물이 어떤 개성을 가지고 있으며, 추구하는 것이 무엇인지를 파악해야 문학이 추구하는 것을 제대로 느낄 수 있다. 이 때에는 인물이 살아가는 방식과 삶의 흐름, 변화의 계기가 되는 사건들을 중심으로 간략히 정리하면 된다. 대하소설이나 스케일이 큰 문학작품들은 인물들의 가계도를 그려보는 것도 좋은 방법이다. 문학에서의 인물은 시대적 삶의 양식을 대표하며, 다양한 삶의 형태를 알려주는 중요한 요소이다. 우리는 인물의 특성을 통해 자기 삶을 들여다보고 또 다른 삶도 조명한다.

철학책은 개념을 중심으로 정리한다. 철학에서의 개념이란 저자가 세상을 보는 방식과 관련이 있기 때문에 개념정리를 잘 하는 것만으로도 세상을 보는 새로운 눈을 얻는 데 도움이 된다. 개념에 대한 대표적인 사례를 기록하면 이해에 큰 도움이 되며 비슷한 개념들을 구분해주는 것도 좋다.

역사를 다루는 책들은 시대를 배경으로 그 시대를 살았던 인물과 중요한 사건을 중심으로 정리를 한다. 도표 형식으로 그려도 좋고, 화살표를 그려놓고 그 위에 표시를 해가면서 시대순으로 인물과 사건들을 기록해 보는 것도 좋다. 그리고 중요한 사건의 역사적 의미에 대해서 간략히 기록해둔다. 역사는 중요한 사건들의 연속으로 이루어져 있다. 시대와 시대를 구분하는 곳에는 중요한 사건들이 계기가 되므로 그 사건들의 의미를 안다는 것은 시대의 흐름을 읽는 중요한 핵심이다. 때문에 사건을 보는 눈을 기르는 데도 큰 도움을 얻을 수 있다. 여기서 인물은 시대적 사건에 필연적으로 휘말려들거나 관여하게 되는데, 그 과정을 통해 인물의 삶과 역사적 가치를 이해하게 된다.

장르별, 구성별로 각기 다른 방법으로 책의 중심내용을 기록한 후에는 자신만의 견해를 기록하거나 의문점들을 적어둔다. 자신의 견해를 기록하면서 의문점이 증폭되고, 해결책이 제시되며, 아이디어가 만들어진다. 정리할 때 중요한 것은 모든 내용을 다 정리하려 해서는 안 된다는 점이다. 큰 틀과 핵심만 알아볼 수 있도록 하고, 자세한 것은 책을 찾아보도록 해야 한다. 이때 관련페이지를 적어두는 것도 효과적이다.

책을 A4 한 장으로 정리를 해두면 서평을 쓰는 데도 큰 도움이 된다. 서평이란 책에 대한 자신만의 평가를 말한다. 책에 어떤 내용이 있는가, 이런 주장이 나온 배경은 무엇인가를 밝히고, 그 주장을 알기 쉽게 정리해서 다른 사람들이 알기 쉽도록 써야 한다. 여기에 내용에 대한 자신만의 견해를 덧붙이면 제대로 된 서평이라고 할 수 있다.

좋은 서평이란 책의 배경과 핵심내용, 좋았던 점과 아쉬웠던 점에 대해 책을 읽지 않은 사람들이 쉽게 이해할 수 있도록 안내자 역할을 할 수 있어야 한다. 좋은 서평이 많아질수록 책을 보는 독자들의 눈도 높아질 것이고, 그만큼 작가들도 좋은 글을 쓰기 위해 노력할 수밖에 없을 것이다.

A4 한 장으로 요약하기 샘플

중국제국쇠망사

(리샹 지음, 웅진지식하우스)

1. 배경 : 중국봉건왕조의 권력교체 과정 속에서 어두운 정치상과 권력의 침몰원인, 사회의 분열상을 엿본다.
2. 키워드 : 권력멸망의 원인
3. 시대별 정리

시대	어리석은 왕	부패한 관리와 환관, 외척	민심의 이반 (반란)
진	진시황의 갑작스런 죽음과 어리석은 호해의 등장 (지록위마)	환관 조고의 가렴주구	엄한 형벌, 무리한 토목공사 진승과 오광의 반란
전한	왕망의 개혁실패와 조급증(p.83)	관리들의 수탈상	적미군, 녹림군
후한		당고의 화	황건적의 난
위	조조의 뒤를 이은 조모, 조환 등 후손들	사마의 일족의 전횡	
촉	어리석고 심악한 유선	황호의 발호와 소인배 정치	
오	손호	간신 잠혼의 득세	시단의 난

당	당희종(유일한 장기는 놀기)	전령자,양복공(환관)의 가렴주구와 전횡	왕선지, 황소의 난
북송	휘종(서화황제, 예능인^^)	채경 등 육적의 전횡, 당파싸움	송강의 난, 방랍의 난, 금의 침공
남송	이종, 도종의 주색	사미원, 정대전, 가사도 등 부패관료와 환관 동송신	200번이 넘는 농민의 난, 몽고의 침입
원	26년 동안 8명의 왕이 교체되는 왕권쟁탈전		홍건군, 백련교
명	주색에 빠진 희종, 고집불통의 사종	환관 위충현의 전횡	이자성의 난

4. 중국제국의 쇠망원인은 3가지
   - 어리석은 왕, 관료의 부패와 환관 및 외척세력의 발호, 민심이반으로 인한 농민의 반란
5. 생각들
- 우리나라 봉건사회의 몰락도 비슷하지 않을까? (정리해 볼 필요 있음)
   - 이외의 다른 원인들은 뭘까?
   (외세의 침입, 내부분열, 시대에 맞지 않는 정책…….)

- 지금 우리 사회 혹은 조직에서 유추해볼 점은?
  - 조직의 핵심인 CEO가 바로 서야 한다.
  - 간부들과 참모들의 전횡을 방지해야 하고 적절한 시스템을 갖추어야 한다.
  - 사원들의 마음이 흔들리지 않고 조직의 비전을 따를 수 있도록 해야 한다.
- 조직을 운영하는 사람이라면 이런 점을 명심해야 할 듯하다.

역사책을 정리할 때는 시대별 특징과 대표적인 인물들에 무게 중심을 둔다. 중요한 사건들의 시작과 끝이 어떻게 이루어지며, 어떤 의미를 가졌는지 살펴보고 정리한다. 이렇게 해두면 시대를 사건과 인물을 통해 한눈에 볼 수 있다.

역사는 교훈이 있다. 지금의 시대에 적용될 수 있는 혹은 내가 속한 회사나 자신에게 응용할 수 있는 교훈을 찾아낼 때 배움은 강력해진다.

위대한 개츠비

스콧 피츠제럴드, 민음사

1. 키워드 : 꿈, 노력, 좌절
2. 등장인물

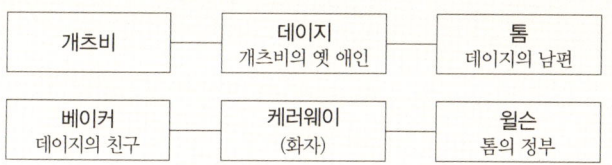

3. 줄거리

한때 사랑하던 사이였던 개츠비와 데이지. 개츠비는 1차 세계대전에 참여하게 되고 지친 데이지는 현실적이고 안정적인 삶을 찾아 톰과 결혼한다.

어렵게 귀국한 개츠비는 금주령이 내려진 상황을 틈타 밀주업으로 큰돈을 벌고 옛사랑을 그리워하며 데이지의 집 맞은 편에 저택을 구입한다.

매일 오케스트라를 동원하고 유명배우들을 초대하며 하루도 쉬지 않고 파티를 벌이는 개츠비. 오로지 옛사랑 데이지를 만나기 위함이다.

우여곡절 끝에 개츠비는 데이지와 다시 만나고, 둘은 예전의 사랑을 회복하는 듯하지만 데이지에게는 남편 톰과 딸아이가 있다. 데이지를 너무나 사랑한 개츠비는 그녀의 모든 조건들을 무시하고, 오직 옛사랑을 되찾기 위해 갖은 노력을 다한다.

자신감을 얻은 개츠비는 데이지에게 예전처럼 돌아와 줄 것을 애

원하지만 톰과의 사이에서 갈등하는 데이지는 혼란스러워 한다.
시내에 나갔다 함께 돌아오는 길 운전을 하던 데이지는 톰의 정부 윌슨을 차에 치여 죽게 하고는 뺑소니를 친다.
사건을 모두 경험한 개츠비. 집으로 돌아온 데이지의 창문을 바라보며 '경찰에게 내가 운전했다고 말할 거요'라며 데이지가 잠들 때까지 지켜준다.
죽은 윌슨의 남편은 사건의 범인이 개츠비라고 오해하고 그에게 찾아와 총을 쏘고 자신도 자살한다. 옛사랑을 회복하겠다는 개츠비의 꿈은 총성과 함께 사라진다.

4. 생각들
    - 개츠비는 왜 위대한가? 꿈을 버리지 않아서? 사랑에 모든 것을 바칠 수 있어서?
    - 개츠비는 왜 위대하지 못한가? 회복할 수 없는 것을 회복하려고 했기 때문에? 사랑의 방법이 잘못된 것이어서?
    - 그의 꿈은 왜 좌절되는가? 우리의 꿈은 왜 좌절되는가?
    - 나는 개츠비가 아닐까?
    - 왜 이리 슬픈 걸까?

문학책은 등장인물들의 특성과 배치를 이해하도록 도형으로 인물도를 그려보면서 읽으면 좋다. 다 읽은 후에는 핵심적인 줄거리만 간단히 적어둔다. 다음에 내용만 알고 싶을 때 읽으면 도움이 된다. 제목이 담고 있는 의미는 무엇이며 시대적인 배경은 무엇인지 살펴본다. 나에게 적용될 수 있는 것은 무엇인지 생각해 보는 것도 자기성찰에 도움이 많이 된다.

생산적 책읽기 두 번째 이야기
― 읽고 정리하고 실천하기

벼락치기에서 한 수 배우다

"진정한 예술은 인간 내부에 존재하는 힘을
최고로 발휘할 때 비로소 가능해진다."
―톨스토이

고등학교 때 중간고사나 기말고사가 다가오면 어김없이 벼락치기 공부를 했던 기억이 있다. 당시만 해도 벼락치기 공부는 아주 효과가 좋았다. 선생님들은 벼락치기가 금방 잊어버리고 점수도 잘 나지 않는 방법이라고 했지만 내 경험에 의하면 벼락치기만큼 짧은 시간에 큰 효과를 내는 공부방법은 없었다.

세계사 시험을 친다고 가정해보자. 시험범위는 1페이지에서 50페이지까지이다. 가장 먼저 교과서를 꼼꼼히 읽으면서 공부를 한다. 두세 시간 정도면 교과서를 꼼꼼히 읽고 중요한 내용을 단기적으로 외울 수 있다. 이때 시간이 좀 걸리더라도 정확하고 꼼꼼하게 읽어서 확실히 알아두는 것이 중요하다. 다 읽은 후에는 처음부터 중요한 부분을 다시 읽고 외워둔다. 이때 머릿속에서 그림을 그리듯이 내용을 정리하면 더욱 좋다. 다음으로 참고서를 대충 훑어본다. 책에 없는 내용을 중심으로 보고 중요하다 싶은 것은 책의 빈 여백에 적어둔다. 이렇게 하면 책에서 빠진 부분을 보충할 수 있다.

다음으로 문제집 한두 권을 풀어본다. 아는 문제는 빨리 넘어가고, 모르는 문제나 알면서도 틀린 문제는 문제번호에 동그라미를 해둔다. 필요하면 교과서를 찾아보고 중요표시를 해둔다. 다 푼 후에는 다시 틀린 문제만 풀어본다.

시험 치는 날 아침에는 교과서의 줄친 부분과 중요하다 싶은 부분만 대충 훑어보고, 문제집의 틀린 문제만 다시 푼다. 그리고 시험을 친다. 이렇게 공부를 하면 거의 틀리는 문제가 없다. 선생님들이 내는 문제는 교과서와 참고서, 문제집의 범위를 벗어나지 않기 때문이다.

이런 방법으로 평소에는 놀다가 벼락치기를 해서 재미를 본 적이 많았다. 아쉬운 것은 국어, 영어, 수학 같은 과목들은 이것이 제대로 적용되기 어렵다는 점이었다. 효과가 없는 것은 아니지만 고득점은 어려웠다. 그래서였는지 명문대는 쳐다보지도 못했다.

가끔 그때 공부했던 내용들이 아직까지도 생생하게 기억에 남아있다는 사실에 놀라곤 한다. 마호메트가 메카에서 메디나로 도망친 사건을 '헤지라'라고 하며, 622년에 일어났다는 것은 고등학교 이후 한 번도 읽거나 배운 적이 없지만 아직도 기억하고 있다. 임진왜란이 1592년에 일어났다는 것과 당태종의 이름이 이세민이라는 것, 그의 치세를 '정관(貞觀)의 치(治)'라고 부르며 칭송한다는 것도 오래 전에 배운 것들이지만 잊혀지지 않는다. 이렇게 오래 전 기억의 단편들이 아직도 내 머릿속에서 떠나지 않고 남아 있는 이유는 무엇일까?

곰곰이 생각해보면 반복의 효과가 아닐까 싶다. 짧은 시간에 여러 번 반복을 했으니 그 기억이 오래가는 것이다. 사람은 읽거나 본 것을 3시간 후에는 72%를 기억할 수 있고, 3일 후에는 겨우 20%정도만 기억할 수 있다고 한다. 그것도 구체적인 내용은 기억을 못하고 이미지로만 기억한다.

반복을 하는 경우에는 상황이 달라질 수 있다. 기왕 반복해서 학습을 할 생각이라면 가장 많은 것을 기억하고 있을 때 반복하는 것이 효과적일 것이다. 미국의 연구결과에 의하면 3시간 이내에 여러 번 반복해서 보면 훨씬 효과적으로 기억할 수 있다고 한다. 잊을만하면 다시 보고 또 잊을만하면 다시 보는 반복이야말로 기억에는 가장 좋은 특효약이기 때문일 것이다.

나는 책을 읽을 때에도 이런 방법을 사용한다. 먼저 책을 천천히 꼼꼼하게 한번 읽는다. 중요한 부분에서는 언제든 읽기를 멈추고, 그것을 나에게 적용할 수 있는 방법, 가족이나 회사, 친구의 문제에 적용되는 사례들을 생각해보고 기록해둔다. 다른 책의 내용과 연관이 되는 부분은 관련 책을 찾아서 읽어보고 해당

페이지에 기록해둔다. 필요하다 싶은 경우 주요 내용이나 개념들을 인터넷 검색 등을 통해 확인하고 출력해서 책에 끼워둔다. 다 읽은 후에는 표식을 남긴 부분을 중심으로 전체적으로 다시 훑어본다. 이렇게 하면 한번 읽는 것이지만 여러번 반복해서 읽은 것과 비슷한 효과를 거둘 수 있다.

노출빈도가 높아질수록 기억은 오래 간다. 경험에 따르면 노출의 간격이 짧을수록 이런 효과는 높아진다. 이런 방법은 책읽기의 효과를 높여주고, 책을 단편이 아닌 전체적인 모습으로 바라보게 한다. 이 방법은 특정한 저자를 골라서 그 한 사람을 깊이 파보는 방법과 연관시키면 더욱 좋다.

나는 책을 읽다가 그 저자가 정말로 좋아지면 그가 쓴 모든 책을 사야 직성이 풀린다. 그때는 다른 책들은 멀리 치워두고, 그 저자의 책만 집중적으로 읽는다. 그렇게 되면 지금 그의 사상과 생각을 구체적으로 알 수 있게 될 뿐만 아니라 그가 어떻게 성장했고, 생각이 어떻게 발전했으며, 결국 어떤 지점에 이르렀는지 과정을 알 수 있다. 위대한 한 사람의 일대기를 구체적으로 경험해 볼 수 있는 것이다. 이런 기쁨은 영화나 이야기를 듣는 것과는 전혀 다른 희열을 준다.

한 인물에 대한 집중적인 책읽기는 생각과 사상의 발전을 알 수 있어 높은 상승효과를 가져온다. 지금 내가 겪고 있는 문제의 원인이 무엇인지 유추해볼 수 있고, 이런 시간들이 나에게 어떤 의미가 있는지 발견할 수 있게 한다. 그들의 삶을 통해 내 삶을 점검하고 예측하면서 내가 선택한 삶을 밀고 나갈 수 있는 힘을 얻는다. 이렇게 읽었던 저자들이 헤르만 헤세, 엘리자베스 퀴블러로스, 칼 마르크스, 니체, 파울로 코엘료, 존 멕스웰, 조셉 캠벨 등이다.

같은 주제를 가지고 비슷한 내용의 책을 공부하는 방법도 좋다. 나는 3개월 혹은 6개월 단위로 새로운 과정을 개발해야 한다. 때문에 그 기간 동안 집중적으로 그 주제의 책을 읽는다. 개인적으로 읽는 책들은 제외하고, 어떤 분야와 주제를 정해서 읽어야 하는 책들의 양 또한 만만찮다.

리더십이라는 주제를 가지고 책을 읽으려면 수십 권은 읽어야 한다. 이런 반복적인 독서는 그 분야의 핵심이 무엇인지를 쉽게 파악하게 하고, 반복되는 내용들은 뛰어 넘어 읽을 수 있게 되어 독서에 속도가 붙는다. 그리고 내가 중요하다고 생각되는 것들 중에서 기존의 책들이 다루고 있지 않은 것이 무엇인지 알게 된다. 바로 그것이 내가 다루고 연구해야할 부분이 된다. 그 부분을 중심으로 강의안을 만들고 책을 쓴다.

고등학교 때의 벼락치기가 3일짜리였다면 지금의 벼락치기는 3개월 이상이 걸린다는 점에서 차이가 있을 뿐, 공부방법에는 큰 차이가 없다. 벼락치기는 재미있는 공부법이며 생산적인 학습법이다. 게으른 사람은 시도할 수 없는 방법이기도 하다. 반복되는 내용을 견뎌내야 하고, 필요 없는 것들은 과감히 버릴 줄도 알아야 한다. 그러다 보면 중요한 것이 무엇인지 알게 되며 무엇이 빠겼는지도 눈에 보인다. 이렇게 공부한 것들은 쉽게 잊혀질 듯하지만 그렇지 않다. 마음을 담고 정신을 쏟았는데 어떻게 쉽게 잊혀지겠는가. 설혹 잊혀진다 한들 또 어떠랴. 한 분야에 대해 이렇게 정신을 쏟아 공부해 본 기억은 남을 테니 그 기억만으로도 자신에 대한 긍정적 믿음이 커질 것이 아니겠는가. 게다가 그것이면 못할 것이 없다는 의지도 생길 것이다. 공부는 또 하면 되는 것. 문제는 공부하겠다는 의지의 상실이지 내용의 상실이 아니다. 벼락치기는 긍정적 의지를 강화시키는 좋은 방법이다.

나는 무엇을 알고 있을까

대학에서 교육행정직으로 오랫동안 근무해 오신 분과 함께 대화를 나누다가 쉰이 넘은 나이에도 아직 영어공부를 하고 있다는 말을 듣고 내가 물었다.
"아직도 영어공부를 하고 계시는군요."
"그럼요. 영어는 안 하면 잊어버리게 되거든요. 그래서 하루에 조금이라도 반복해서 들으려고 노력하고 있어요."
"제가 공부하는 것과 비슷한 것 같습니다. 저도 책을 읽고 나면 잘 잊어버리곤 해서 책을 손에서 놓지 않으려고 노력하고 있으니까요."
"그런가요? 듣고 보니 공부란 알고 있는 것을 잊지 않기 위해 노력하는 것인지도 모르겠다 싶군요."
순간 이런 생각이 들었다.
'그런데 나는 알고 있는 게 있을까? 있다면 그게 뭐지?'

생산적 책읽기 두 번째 이야기
—읽고 정리하고 실천하기

마르크스가 말하는
독서의 기술

> "오래되고 귀중한 생각과 가치관과 더불어 모든 고정되고,
> 노쇠한 관계들이 해체될 것이고,
> 모든 새로운 것이 자리를 잡기도 전에 낡은 것이 될 것이다."
> —칼 마르크스 《공산당 선언》중에서

지금 우리가 살고 있는 이 시대에 가장 큰 영향을 미친 세 사람을 고르라고 한다면 칼 마르크스, 지그문트 프로이트, 니체를 꼽을 수 있을 것이다.

마르크스는 인간사회의 구조적인 모순을 밝히고 새로운 정치경제학의 지평을 열었다. 노동가치설, 공황이론, 제국주의 이론 등 귀에 익은 경제학 이론들뿐만 아니라 지금 우리가 누리고 있는 노동조합 활동의 보장, 8시간 노동, 주5일 근무 등이 모두 그의 사상에서 이어진 것들이다. 20세기 러시아와 동구권을 비롯한 세계 각처의 공산화도 그의 사상을 토대로 이루어졌다.

이에 반해 프로이트는 '자아' '무의식' '방어기제' 등의 개념을 바탕으로 정신분석학파를 창시해 인간의 내적인 측면에 기초한 심리학의 시작을 알렸다. 그가 없었다면 심리학은 시작도 할 수 없었을 것이고, 자신의 마음이 어떻게 움직이는지도 모른 채 살고 있을 것이다.

　니체는 중세의 암흑적인 세계관, 교회와 신을 넘어 인간의 홀로서기를 시도한 새로운 철학자였다. 그의 사상은 야스퍼스와 하이데거, 사르트르, 푸코, 하버마스, 데리다, 들뢰즈 같은 철학자들뿐만 아니라 프로이트, 칼 융, 아들러 등 심리학자들에게도 큰 영향을 미쳤다. 그뿐이 아니다. 토마스 만, 헤르만 헤세, 앙드레 지드, 라이너 마리아 릴케 같은 세계적인 대문호들에게도 영감을 심어주었다. 히틀러가 니체의 사상을 이용해 세계대전을 일으키는 정신적 토대를 구축하려 시도했던 것도 예외는 아니다.

　우리 사회는 아직도 이 세 사람의 그늘에서 살고 있다고 해도 과언이 아니다. 학자들은 아직도 이들의 학문과 사상, 연구방법들을 차용하고 있다. 대부분의 논쟁들도 그들이 생각해낸 범위의 틀 내에서 이루어지고 있다. 덕분에 우리는 아직도 세 사람을 공부해야 하는 힘든 처지에 놓여 있다.

　가끔 이런 의문이 들곤 한다. 그들은 어떻게 자신만의 사상을 세우고 철학을 완성했을까? 잠시 마르크스의 지적활동에 대한 기초적인 자료가 될 수 있는 내용의 글을 읽어보자.

"마르크스에게 책이란 사치품이 아니라 정신활동의 도구였다. 그는 '책은 내 노예이니 내 의지에 따라야 한다'고 말하곤 했다. 그는 책의 크기나 제본된 상태, 종이의 질이나 인쇄된 상태 등에는 전혀 신경을 쓰지 않았다. 그는 페이지의 한 귀퉁이를 접거나 가장자리에 연필로 표시하거나 어느 한 구절 전체에 밑줄을 긋곤 했다. 책에 무언가를 적는 일은 없었지만 저자가 지나치게 나아갔다고 생각하면 그 부분에 느낌표나 물음표 표시를 했다. 본문에 밑줄을 긋는 그 나름의 방식은 나중에 필요한 내용을 쉽게 찾아 볼 수 있게 하려는 것이었다. 그는 여러 해가 지난 뒤에 공책에 적어놓은 내용을 다시 훑어보거나 책에서 밑줄 친 부분을 찾아 다시 읽어보는 습관을 갖고 있었다. 기억을 생생하게 유지시키기 위해서였다. 어린 시절부터 마르크스는 헤겔의 조언을 받아들여 외국어로 시를 암기하는 것을 통해 뛰어나고 믿을 만한 기억력을 길렀다."

폴 라마르그는 《게으를 권리》에서 마르크스의 책읽기를 이렇게 정리하고 있다. 짧은 글이지만 마르크스의 책에 대한 애정과 노력, 독서의 기술이 어떤 것인지 짐작해 볼 수 있는 좋은 자료다.

그가 책을 대하는 정신을 먼저 살펴보자. 그는 책을 사치품이 아니라 좋은 정신활동의 도구로 삼았다. 장식품으로 전집을 사서 꽂아두고 한번도 읽지 않는 사람들과는 차원이 다르다. 표지가 얼마나 예쁜지, 글씨는 큼직큼직하게 쉽게 읽을 수 있는지, 볼 만한 그림이 많이 있는지 등에만 신경을 쓰는 얼빠진 사람과는 비교도 안 된다. 그는 정신력이 강한 사람이었다. 때문에 독서가 완전히 자신의 생각과 사상을 가져가 버리지 않도록 자신감을 갖고 책을 대했다. 덕분에 누구도 넘볼 수 없는 자신만의 사상을 완성할 수 있었다.

그는 중요한 내용들은 밑줄을 긋고 가장자리를 접어 필요한 표시를 했다. 의문이 나는 곳은 물음표로 표시를 해두었다. 독서가 끝난 후에는 자신만의 방식으로 노트를 작성해서 필요한 내용들을 정리해두거나 논리를 확장하여 자신의 생각을 정리해 두었다. 읽은 책들을 수시로 꺼내서 보고 정리된 노트를 보강하면서 그의 생각은 더욱 깊어져 갔다. 그는 이런 독서방법들로 인해 생각이 깊어지고 비판적인 사고를 할 수 있었으며 사상의 체계를 잡을 수 있었다.

마르크스는 아니지만 나도 그와 비슷한 방법들을 사용하고 있다. 아마 많은 독서가들이 이런 방법들을 사용하고 있을 것이다. 이런 모든 활동이 읽었던 내용을 오래 기억하도록 돕고, 필요한 부분을 쉽게 찾아낼 수 있도록 도와주며 머릿속에서 구조화되어 체계적인 사상으로 흡수될 수 있도록 만든다고 믿는다.

이와는 달리 아무런 표시도 없이 묵묵히 읽기만 하는 독서법도 있을 것이다. 너무 머리가 좋아서 읽은 내용을 대부분 기억해 버리거나 그냥 즐기기 위해서 책을 읽는 경우라면 이 방법도 좋을 것이다. 하지만 발전적인 마음으로 책을 읽는다면 이 방법들은 결코 좋아 보이지 않는다. 깨끗하게 책을 보는 것은 사람의 성격이 반영된 것이기도 하지만 성격이라는 것은 바뀌기도 하는 것이다. 밑줄도 긋고 포스트잇도 붙이고 하다 보면 그것이 자연스럽게 내 성격처럼 굳어지기도 한다. 습관은 붙이기 나름이 아니던가.

나는 책을 다 읽은 후 잠시 눈을 감곤 한다. 그리고 지금 읽은 책의 전체적인 흐름을 한 장의 종이에 그림을 그리듯이 정리해본다. 중요한 개념들과 배경들을 나만의 방식으로 표현해보고 정리한다. 이렇게 5분 정도 눈을 감고 책의 내용을 마음속에 정리하면 비로소 책이 가진 영적인 에너지가 나에게 쏟아져 들어옴을 느낄 수 있다. 가슴이 뛰고 말할 수 없는 희열이 밀려온다. 그 순간의 행복을 뭐라고 해야 할까? 책 읽는 사람만이 느끼는 감동과 희열일 것이다. 이런 중독은 참으로 행복한 중독이다.

눈을 감고도 책 한 권의 내용들을 머릿속에 정리하고 자신의 언어로 표현할 수 있다면 좋은 독서라 할 수 있다. 하지만 책을 다 읽고 나서도 무슨 내용인지 머릿속에 정리가 되지 않고 핵심이 헷갈린다면 그것은 분명히 아쉬운 책읽기가 될 것이다.

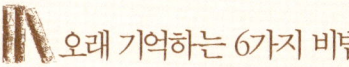 오래 기억하는 6가지 비법

:
1. 볼펜과 형광펜으로 밑줄을 긋거나 표시를 해둔다.
2. 포스트잇으로 중요한 내용들을 쉽게 찾을 수 있도록 표시해 둔다.
3. 책에서 빠진 부분은 추가로 여백에 적어두거나 출력해서 끼워 넣는다.
4. 읽은 후 형광펜이나 포스트잇 붙은 부분을 다시 읽고 외운다.
5. 한 페이지로 정리해서 구조화한다.
6. 눈을 감고 책의 내용을 정리해보고 책의 에너지를 느껴본다.

제3부

실천 하고 응용하는 방법

생산적 책읽기 두 번째 이야기
— 읽고 정리하고 실천하기

지금 바로 실천한다

"새는 알을 깨고 나온다. 알은 하나의 세계다.
한 생명이 태어나기 위해서는 하나의 세계를 깨뜨려야 한다."
-헤르만 헤세《데미안》

구두쇠로 통하는 사람이 재산을 모두 팔아 금덩이를 하나 샀다. 그는 금덩이가 너무나 소중한 것이기에 땅속을 깊게 파고 금덩이를 숨겼는데, 그만 자기 마음도 같이 묻고 말았다. 그는 그렇게 소중한 금덩이를 묻었으니 매일 그곳에 가서 금덩이가 잘 있는지 확인을 해야 했고, 하루 종일 마음이 그곳에 가 있었다. 그렇게 금덩이를 확인하기 위해 매일 같은 장소를 서성이다 보니 다른 사람의 눈에 띄게 마련이었다.

그 비밀을 우연히 알게 된 한 사람이 밤에 몰래 금덩이를 캐내 가지고 가버렸다. 다음날 금덩이를 찾으러온 구두쇠는 너무나 놀라 대성통곡을 했다. 지나가던 사람이 그가 슬퍼하는 이유를 묻고 이렇게 말했다.

"너무 슬퍼하지 마시오. 금덩이가 있을 때도 없는 것과 같았던 것 같구려. 금덩이가 있을 때도 그것을 활용하지 못했으니 아쉬울 것도 없을 것이오."

지식도 금덩이와 다를 것이 없다. 얻은 지식을 사용하지 않으면 없는 것과 진배없다. 지식은 실천과 동떨어지면 땅속에 묻어둔 금덩이처럼 실생활에 아무런 도움도 주지 못하게 된다. 실천이 없는 독서는 실패한 독서나 마찬가지다.

독서의 실패가 실천의 실패인 경우는 자기계발 분야에서 더욱 큰 의미가 있다. 시중의 많은 책들이 '이렇게 살아라, 저렇게 살아라'하는 지침들을 내려주고 있지만 그것을 실제로 실천하지 않으면 아무런 소용이 없다. 그럴 때 책읽기는 시간낭비가 된다.

'부모님을 잘 모셔야 하고 자주 연락도 해야 한다'는 내용의 책을 읽고 감동 받았다고 하자. 그러면 자연히 '나도 연락 한번 드려야할 텐데'라는 생각이 든다. 그러나 여기까지다. 해야 한다는 생각은 하지만 실천하지는 못한다. 이것이 우리의 한계다. 물론 핑계는 많다. 시간이 너무 늦었다거나, 어제도 전화를 드렸다거나, 부모님이 집에 안 계실 것 같다거나, 지금은 무척 바쁘다는 핑계 등이 그것이다.

그런 모든 것은 대부분 게으름의 산물이다. 왜냐하면 그런 모든 이유에도 불구하고 당장 전화를 하는 부지런한 사람이 있기 때문이다. 그냥 생각만 하고 결코 실천하지 못하는 것, 그것 때문에 지금 우리가 이 모양 이 수준이다. 그런 내용을 읽고 감동을 받았다면 즉시 부모님께 전화를 해야 한다. 그것이 한밤중이든 이른 새벽이든 점심식사 시간이든 상관없다. 해보면 시기는 중요한 것이 아님을 금방 알 수 있다.

"아버지, 저예요. 너무 늦은 시간에 전화를 드렸죠. 그래도 꼭 아버지 목소리 한번 듣고 싶어서 전화했어요. 그동안 너무 수고하셨는데 막내라고 애만 먹인 것 같아 송구해서 전화 한번 드렸어요. 앞으로 잘 살게요. 고마워요. 아버지."

이런 솔직하고 따뜻한 한마디가 얼마나 큰 감동을 주는지 모른다. 이런 말을 하는데 시간과 장소가 무슨 장애물이 되겠는가.

몇 년 전 크게 유행해서 베스트셀러가 된 《부모님이 살아계실 때 해야 할 49가지》라는 책은 수십만 권이나 팔렸다고 한다. 그것을 읽은 수십만 명의 사람들은 과연 그 49가지들 중에서 몇 가지나 실행으로 옮겼을까? 그 책을 읽은 사람들은 분명히 부모님을 위해서 무엇인가를 해야겠다는 생각에서 읽었을 것이다. 하지만 그것을 다 읽고도 실천하지 못했다면 그것을 왜 읽어야 했을까? 읽고도 실천하지 못했다면 나중에 더 큰 회한만 남을 것이다. 부모님께서 살아계실 때 할 수 있다는 것이 49가지나 된다는 사실을 뻔히 알고도 실천하지 않았으니 불효도 그런 불효가 없다.

이 책을 읽고 '부모님 발 씻어드리기'를 실천한 동료가 있다. 시골로 가는 길에 우연히 책을 읽었는데 하나를 꼭 실천해야겠다고 생각을 했다. 그는 도착하자마자 즉시 세숫대야에 물을 길러와 부모님의 발을 씻어드렸다 한다. 그때의 행복을 그는 이렇게 표현했다.

"내가 어머님의 발을 씻어드릴 수 있다는 것이 이렇게 가슴 뿌듯하게 하는 것인 줄 몰랐어요. 그때 어머님 얼굴을 생각하면 지금도 기분이 좋아져요. 그리고 무엇보다도 내가 이렇게 용기 있는 사람이구나 하는 것을 느꼈죠. 참으로 뿌듯한 경험이었어요."

리더십에 대해서 좋은 내용을 읽었다면 그것을 지금 즉시 실행해 보아야 한다. 커뮤니케이션 방법에 대한 좋은 기술을 얻었다면 그것을 즉시 사용해 보아야 한다. 그렇지 않다면 그것은 결코 사용되어지지 않을 것이다. 즉시 사용하지 않고 미루어두게 되면 시간이 갈수록 읽었던 내용의 감동이 약해지고 열정도 식어져 실행의 에너지가 방전된다. 실행의 에너지가 가장 강한 순간은 바로 글을 읽은 그 순간이다. 그래서 글을 읽다가 실천해보아야겠다는 좋은 내용을 발견했다면 다음 단락을 읽는 것보다 즉시 행동으로 실천하는 것이 훨씬 유익하다. 다음 단락은 다음에 읽어도 된다. 하지만 지금 실천하지 않으면 다음에는 결코 실천하지 못하게 된다.

읽은 것을 실천하지 못하는 사람들의 대표적인 특징은 '해야 하는데'라고 생각한다는 점이다. 실천을 할 때는 생각을 해서는 안 된다. 그냥 해야 한다. 실천가들은 오래 생각하지 않는다. 그냥 한다. 이것이 가장 훌륭한 실천의 기술이다. 아침에 일어날 때 '일어나야 하는데'라고 생각하는 사람은 이미 일어나지 않았으면 좋겠다는 마음이 생긴 사람이다. 이런 생각을 계속하면 '에이 모르겠다. 5분만 더 자자'는 결론에 도달하게 된다. 가장 훌륭한 방법은 알람이 울리자마자 즉시 일어나는 것이다. 생각할 틈을 주지 않고 바로 일어나야 고통도 적고 쉽게 일어날 수 있다.

책을 읽을 때에도 마찬가지다. '읽어야지' 하고 생각하는 순간이 없거나 아주 짧아야 한다. 책을 읽어야겠다고 생각하는 시간이 길수록 '읽을까 말까'를 고민하는 시간이 늘어난다. 부정적인 생각이 우리 마음에 더 커지기 전에 바로 책을 들고 읽어야 한다. 그러면 의외로 쉽게 책을 읽을 수 있게 된다.

책을 읽는 가장 좋은 방법은 그냥 읽는 것이다. 그렇게 읽다 보면 습관이 되고 성격이 된다. 좋은 내용을 읽었으면 실천을 통해서 이것이 나의 상황에 적용이 가능한지, 효과가 있는지, 즉시 검증해보자. 그럴 때 비로소 책을 통해서 우리는 무엇인가를 얻게 된다. 책의 무용함을 말하기 전에 즉시 실천하려는 노력을 먼저 살펴야 하는 것은 좋은 독서가들의 중요한 조건이라고 믿는다.

물론 실천해보면 이건 아니다 싶은 내용들도 발견하게 된다. 하지만 그것이 무용하다고 해서 전혀 가치가 없는 것이라고 생각해서는 안 된다. 나에게 맞지 않을 뿐이다. 우리의 생각은 실천을 통해서 깊어지는 경향이 있다. 생각이 깊어지는 경험 중 가장 큰 것은 실패한 행동이다. 실패가 새로운 대안을 모색하도록 유도하기 때문이다. 덕분에 우리는 보다 깊은 사색의 기회를 가지게 된다.

때로는 책읽기 그 자체가 사용인 경우도 있다. 읽은 내용과 배운 기술들을 실천하는 것이 아니라 읽는다는 것 자체가 목적일 수도 있는 것이다. 좋은 책을 읽고 감동받는 것이 그런 경우다. 내가 알고 있는 분 중에는 읽는 것의 감동을 혼자가 아니라 가족과 함께 함으로써 더 큰 감동을 낳아 가족의 관계가 돈독히 되는 경우가 있었다. 《책 읽어주는 남편》의 저자 허정도 사장이 바로 그분이다.

어느 날, 아내가 눈병이 걸려 병원에 입원하게 되었다. 우연히 《연암에게 글쓰기를 배우다》라는 책을 아내에게 소리 내어 읽었는데, 의외로 재미있고 아내도 좋아하더란다. 그렇게 시작된 책 읽어주기가 수년을 거듭해 이제 100권을 넘게 되었다. 그렇게 책을 읽는 동안 아내와의 관계가 더욱 돈독해짐은 물론이고 책을 통한 감동도 커서 아내와 함께 눈물도 여러 번 흘렸다고 한다. 그분에게는 책읽기 자체가 책의 사용이었던 셈이었다. 그 사용은 아주 성공적이었다.

"자기에게 이해관계가 있을 때만 남에게 친절하고 어질게 대하지 마라. 지혜가 많은 사람은 이해관계를 떠나 누구나 친절하고 어진 마음으로 대한다. 왜냐하면 어진 마음 자체가 나에게 따뜻한 체온이 되는 까닭이다."

파스칼의 말처럼 어진 마음 자체, 책을 읽는 것 자체가 자신에게는 큰 보상이 된다. 이것은 어떤 사용법보다도 훌륭한 독서의 기술임이 분명하다.

지금은 인생을 느껴야할 때다

:

인문학과 경제경영분야의 책들은 자신을 발전시킨다. 지식과 지혜를 늘리고 세상을 보는 눈을 넓게 한다. 문제해결능력을 높여주며 인간관계를 개선시킨다. 이런 책들은 읽고 외우고 실천하기를 반복해야 효과를 얻을 수 있다.

반면 소설과 시, 수필 같은 문학책들은 인생을 느끼게 한다. 인생을 느끼도록 하는 책은 음미하면서 곱씹으며 읽어야 한다.

어떤 날은 경제경영분야의 책들이 잘 읽힌다. 어떤 날은 문학책들이 잘 읽힌다. 그날 어떤 책들이 잘 읽히는지를 살펴보면 자신이 지금 어떤 것에 몰입할 때인지를 알 수 있다. 인생은 발전을 위해 노력해야 할 때가 있고, 그 자체를 느껴야 할 때가 있다. 자기계발 책이 읽히지 않는다고 푸념하지 말고 문학책을 들어 보자. 그때가 바로 인생을 느껴야 할 때이므로……

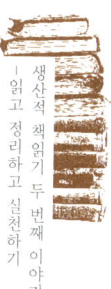

생산적 책읽기 두 번째 이야기
—읽고 정리하고 실천하기

분야에 맞는 독서법 찾기

"신이 우리에게 두 가지 선물을 주었는데 하나는 기억이고 다른 하나는 망각이다."

'책을 읽어도 남는 게 없다'

주변에서 이런 이야기를 너무나 많이 듣게 되는 것은 분명 우리 독서법에 문제가 있다는 반증이 아닌가 싶다. 왜 그럴까? 책 읽는 사람이 저자가 말하고자 하는 바를 제대로 이해하지 못하거나 이해한다고 하더라도 그것을 저장하고 자기 것으로 만들어 사용하는 데 실패하기 때문이다.

이제 자신의 실패 원인을 분석해 볼 필요가 있다. 같은 실패를 반복하지 않는 방법은 원인을 분석하고 대안을 마련해서 다른 행동을 하는 방법 외에는 없다. 독서의 실패에 대해서는 읽는 책의 종류에 따라 여러 가지로 나누어 생각할 수 있을 것이다.

인문학 분야에 대해서 말하자면 그것은 '개념'을 정립하는데 실패했기 때문이다. 문학 분야에 대해서 말하자면 '몰입'에 실패했기 때문이며, 자기계발분야에서의 실패는 당연히 '실천'에 실패했기 때문이다.

인문학 분야의 책들인 경우 책의 저자들, 학자들이 주장하는 것의 개념을 파악하는 것이 핵심이다. 철학, 심리학, 사회학 등 인문학의 역사는 그 분야의 획을 긋는 학자들을 파악하는 것이 중요하다. 우리들 대부분은 그들의 이름을 이미 알고 있다. 프로이트, 니체, 쇼펜하우어, 칼 융, 마르크스, 하이데거, 빅터 프랭클 등이 그들이다. 인문학 서적들을 읽다 보면 재미있는 사실 하나를 발견하게 된다. 그것은 바로 학자들이 사용하고 있는 용어가 참으로 까다롭다는 것이다. 하지만 그 용어의 의미를 잘 파악하면 그가 주장하는 것들을 짐작할 수 있다. 까닭에 인문학 서적을 읽을 때에는 그 학자가 주장하는 핵심적인 용어를 찾아내고 그 뜻을 먼저 공부하려는 노력이 필요하다.

프로이트, 아들러, 칼 융과 함께 심리학의 중요한 부분을 개척한 빅터 프랭클에 대해 생각해보자. 그는 유대인으로 2차 세계대전 당시 죽음의 수용소에서 살아남은 사람이다. 그곳에서 그는 죽어가는 사람들이 발휘하는 삶의 의지를 보면서 심리학의 새로운 분야를 개척해냈다. 그것을 대표하는 핵심개념이 '의미의지'라는 것이다.

빅터 프랭클은 현대인들의 삶에서 가장 중요한 것은 '삶에 대한 의미를 찾는 것'이라고 말한다. 지금 현대인들은 역사상 어느 시기보다 자유로운 시기이자 바쁘게 경쟁하는 시대를 살고 있다. 이런 시대는 자신의 삶의 목표와 존재의 이유, 개인적인 소명에 대한 갈망을 해결하지 못하면 정신적인 빈곤에 시달리게 되고, 가치 없는 삶을 살게 된다.

그에 의하면 현대인들이 정신없이 속도에 매달리고 뛰어다니는 이유는 자신의 존재에 대한 공허감, 의미 없는 삶에 대한 두려움을 대면하고 싶지 않기 때문이다. '의미의지'는 자기 삶의 의미를 찾으려고 하는 의지를 가리키는 말이다. 때문에 빅터 프랭클을 공부하기 위해서는 '의미의지'라는 용어를 먼저 이해해야 한다. 그때 비로소 그가 말하고자 하는 바가 무엇인지 선명해지고, 다른 내용들도 귀에 속속 들어오게 된다.

지금 인문학 분야의 책을 읽고 있거나 혹은 읽고 싶은 생각이 있다면 개념을 먼저 파악하도록 하자. 책읽기가 훨씬 수월해지고 생산적이 될 것이다.

여기서 이런 개념들을 쉽게 이해하는 방법을 알아보자. 개념을 안다는 것은 그것을 표현할 수 있다는 말이다. 표현할 수 있으려면 이미 머릿속에 내용이 구조화되어 있어야 한다.

'의미의지 = 삶의 의미 + 찾고자하는 의지'

이것이 개념의 구조다. 개념은 은유의 형식을 취한다. 은유는 핵심 단어를 찾는 것이 중요하다. '의미의지'의 경우 '삶의 의미'

와 '의지'가 핵심 단어가 된다. 다음은 핵심 단어를 연결시켜주기만 하면 된다. 패러다임, 이데아, 실존주의, 서번트 리더십, 컨버전스, 포스트 모더니즘 같은 주요 개념들 또한 마찬가지다. 나는 인문학을 공부할 때 핵심 개념을 머릿속에서 정리해두고 접근하려 노력한다. 핵심 개념을 책이 시작되는 첫 페이지에 적어두고 읽어가는 것도 좋다.

개념이 힘을 가지기 위해서는 생활의 구체적인 사례를 통해서 그것을 설명해낼 수 있어야 한다. 의미의지가 나의 생활 속에서는 어떻게 드러날까? 나는 어떤 패러다임을 가지고 있을까? 서번트 리더십이나 컨버전스의 구체적인 사례는 어떤 것이 있을까? 이런 질문들에 대해서 답을 내릴 수 있어야 한다. 그 구체적인 사례들을 말로 다른 사람에게 쉽게 이야기해 줄 수 있어야 한다.

문학 분야에서의 책읽기는 몰입의 실패가 원인인 경우가 많다. 몰입이라는 말은 푹 젖는다는 뜻이다. 이수광 선생은 지봉유설에서 '독서는 푹 젖는 것을 귀하게 여긴다'는 말을 했다.

이 말은 문학 분야에서 딱 들어맞는 표현인 것 같다. 푹 젖는다는 말은 빠진다는 말이다. 소설책을 읽으면 자신이 마치 소설 속의 주인공이 된 듯 착각에 빠져야 한다. 시를 읽으면 자신이 시를 쓴 시인이 되어야 한다. 그래야 책 속의 감정을 그대로 경험할 수 있다. 문학의 본래 기능은 카타르시스를 줄 수 있는 경험의 확장이자 풍성함을 가져오는 감정적 교류이다. 자신이 주인공이 되지 못하면 이런 목적에 도달할 수 없다.

하다못해 무협을 보더라도 책 속의 주인공이 되어 내공을 키우고, 무술을 연마하는 과정을 겪을 수 있어야 한다. 주인공과 내가 일체가 되지 못하는 무협지가 도대체 무슨 재미가 있겠는가? 무협은 일반적인 사람들의 이야기가 아니다. 한계가 있는 현실을 뛰어 넘어 물위를 걷고 허공을 휘저으며 검기 하나로 사람을 죽일 수도 있는 초인들의 이야기다. 우리는 무협지를 통해서 환상을 경험하고, 한계를 뛰어 넘는 새로운 세상을 창조한다. 그리고 나 자신이 그 이야기의 주인공이 된다. 자신이 주인공이 아닌 이야기를 읽는다면 얼마나 재미가 없을까. 소설이나 시를 읽기 위해서는 스스로 책 속으로 들어가는 경험을 가져야 하는 것이다.

자기계발 분야의 실패는 실천의 실패인 경우가 대부분이다. 자기계발을 위한 책들은 삶의 태도와 기술에 관한 원리들을 아주 쉽게 알려준다. 요즘은 스토리텔링 형식의 책들이 많아서 이야기식으로 만들어 핵심을 알려주기에 쉽게 읽힌다. 문제는 그 원리들을 실천하지 못한다는 것이다. 알면서도 하지 않는 것, 그러면서도 안 된다고 말하는 것이 우리의 병통이다. 이 책이 좋다는 이야기를 듣고 좋아라 읽어보고는 몇 가지 실천해보다가 또 다른 책을 읽고는 이것저것 시도해보다가 또 안 되면 다른 책을 든다. 제대로 된 태도와 기술들 한두 가지만 배우고 실천해도 우리는 많은 문제를 해결할 수 있다. 문제는 책에 있는 것이 아니라 그것을 실천하는 우리 자신에게 있다. 문제는 외부에 있지 않다. 바로 나 자체가 문제이기 때문이다.

나는 배우는 것이 두렵다

:
공자의 제자 자로는 '아직 실천하지 못했는데 또다시 좋은 이야기를 들을까 봐 두려워했다'고 한다. 배우는 사람의 최고 자세라 할 만하다. 그의 이야기를 읽으면서 생각해본다. '나는 과연 배우는 것을 두려워하고 있는가?' 실천은 하지 않고 머릿속에서 지식만 채우려고 안달이 나 있는 것은 아닌가?

문득 두려운 마음이 든다. 실천하지 못함을 두려워하지 않고, 더 채우지 못 해 안달하고 있기 때문이다. 생산적으로 책을 읽겠다는 이름하에 머릿속에 자료와 정보들만 채우고 있는 우둔함을 언제 벗어날 수 있을까? 그 우둔함을 알고 있다면 아직 희망은 있지 않을까?

생산적 책읽기 두 번째 이야기
―읽고 정리하고 실천하기

사건과 사례의 의미를 찾아라

"걸어가면서 얻는 사상만이 가치 있는 것이다."
―니체

높고 깊은 산 속에 위대하다고 알려진 성자가 살고 있었다. 그에게는 젊고 똑똑한 제자가 있었다. 제자는 자주 스승에게 어떻게 하면 번뇌에서 벗어날 수 있는지를 묻곤 했다. 스승은 그때마다 '때가 되면 가르쳐 주마'라고 말할 뿐이었다.

그렇게 시간이 흘러 10년이라는 세월이 흘러갔다. 어느새 제자도 나이가 들었고, 그동안 스승과 많은 시간을 보내면서 배움도 깊어갔다. 그러던 어느 날, 스승이 말했다.

"오늘은 너에게 고뇌에서 벗어나는 방법을 가르쳐 줄 테니 내 뒤를 따르도록 해라."

제자는 기뻐하며 스승을 따라갔다. 그런데, 스승이 갑자기 정신없이 숲 속으로 뛰어가는 것이 아닌가? 그렇게 한참을 뛰어가던 스승은 갑자기 큰 나무를 끌어안고 살려달라고 고함을 지르기 시작했다. 당황한 제자는 나무를 붙들고 있는 스승을 떼어내기 위해서 안간힘을 썼다. 그럴 때마다 스승은 더욱 나무를 단단히 끌어안는 것이었다. 제자가 가만히 생각해보니 이것은 나무가 스승을 붙들고 있는 것이 아니라 스승이 나무를 붙잡고 놓지 않는 형국이었다. 제자는 스승에게 나무가 스승을 붙들고 있는 것이 아니니 그냥 나무에서 손을 놓으면 된다고 소리쳤다.

스승은 그제서야 나무를 붙들고 있던 손을 살며시 놓으며 제자에게 이렇게 말했다.

"바로 이것이 고통에서 벗어나는 길이란다."

그 순간 제자는 번뇌에서 벗어날 수 있는 길을 알게 되었고 큰 깨달음을 얻었다.

이 이야기는 몇 가지 의미 있는 교훈을 우리에게 던져주고 있다.

첫 번째는 고뇌에서 벗어나는 방법에 관한 것이다. 스승은 몸소 고뇌에서 벗어나는 방법을 보여 주었다. 그것은 고뇌가 나를 붙들고 있는 것이 아니라 내가 고뇌를 붙들고 있다는 진리였다.

우리는 돈, 명예, 사랑, 인기, 지위, 체면 같은 것에 집착한다. 그 집착으로 인해 고뇌가 생긴다. 사람들이 왜 나를 몰라줄까, 서운해 하고 돈이 모이지 않아 안타까워한다. 하지만 돈과 명예, 사랑, 인기 같은 것들이 나를 붙들고 있는 것이 아니라는 사실은 모른다. 그것들을 붙들고 있는 것은 오히려 나 자신이다.

　스승은 고뇌를 붙들고 있지 말라고 말로 가르치지 않고 행동으로 보여 주었다. 제자는 이런 스승의 가르침을 알아차렸고 비로소 깨달음을 얻었다. 어찌 보면 고뇌에서 벗어나겠다는 집착 자체가 고뇌가 되었는지도 모른다. 이제 제자는 고뇌에 대한 집착을 끊고 좀 더 자유로워질 수 있을 것이다.

　이 이야기의 또 다른 의미는 바로 '준비'에 대한 것이다. 우리는 빨리 많은 것을 배우기를 바란다. 도를 깨우치기 위해 입산수도한 첫날부터 깨달음을 얻기를 바란다. 하지만 스승은 가르쳐 주지 않는다. 왜? 아직 준비가 되어 있지 않기 때문이다. 제자는 깨달음을 받아들일 준비가 되어 있지 않다. 제자의 성급함이 그것을 말해 주고 있다. 깨달음은 정신적인 준비가 된 사람에게만 찾아온다.

　좋은 스승은 제자가 준비가 되었는지를 잘 안다. 때문에 필요한 때에 필요한 방법으로 필요한 기회를 준다. 공부하고 싶지 않은 아이에게 과외공부를 아무리 시켜봤자 헛일이다. 성급하고 욕심 많은 아이에게 너무 많은 가르침을 주면 넘쳐 나는 지식을 어떻게 정리해야 할지 몰라 갈팡질팡할 것이다. 좋은 스승은 필요한 만큼만 전해준다.

　10년이 되자 스승은 제자가 준비가 되었음을 알았다. 그리고 제자는 깨달음을 얻었다. 스승이 빨리 도를 전해주고 싶은 마음에 성급하게 도를 알려주었다면 제자를 망치게 했을지도 모른다. 필요한 때에 필요한 방식으로 필요한 것을 주는 것이 훌륭한 것이다.

책을 읽는 사람 또한 마땅히 자신의 정신을 갈고 닦으며 마음을 준비해야 한다. 필요한 때가 되면 필요한 것이 나에게 전해져 올 것임을 믿어야 한다. 섣부른 지식과 서툰 깨달음은 사이비 교도가 되거나 돌팔이 지식인으로 만들어버릴 공산이 크다. 이것이 내가 깨달은 이 이야기의 의미이다.

현대사회는 '의미'의 시대이다. 이제 사람들은 '내가 왜 살아야 하지?' '내가 왜 이걸 해야 하지?' '내가 존재하는 이유는 뭐지?' 이런 질문들을 던질 수 있게 되었다. 그리고 그 답을 궁금해하고 있다.

불과 몇 십 년 전만 해도 사람들은 '어떻게 해야 먹고 살 수 있을까?'를 고민했다. 먹고 사는 것이 힘들었던 시대였기에 존재의 의미 같은 것에 대해 생각할 여유가 없었다. 그런 질문은 사치에 불과했고, 먹고 살 수 있는 것만으로도 행복했다. 그 시대는 '경제의 시대'였다.

1980년대를 넘어서면서 우리는 제법 부유하고 풍부한 시대를 맞이하게 되었다. 먹고 사는 것은 어느 정도 해결이 되었다. 덕분에 사람들은 주말이면 멀리 교외로 나가 차를 달릴 수도 있었다. 관광명소가 개발되고 위락시설에 많은 투자가 이루어졌다. 사람들은 이제 '어디가면 재미있게 놀 수 있을까?'를 고민하게 되었고, 놀이문화가 널리 보급되었다. '유희의 시대'가 온 것이다.

먹고 살 만큼 여유가 생기고, 놀 만큼 놀아본 사람들은 노는 것도 별 재미가 없음을 알게 된다. 많이 놀면 노는 것도 지겨운 법이다. 덕분에 사람들은 자연스럽게 시선을 자기 자신에게로 돌리게 되었다. 나는 누구이며 무엇 때문에 태어났는가? 내가 하는 일은 도대체 무슨 의미가 있는가? 이런 고민을 하고 답을 찾으려 한다. 답을 찾아낸 사람들은 과감하게 자신을 던진다. 다니던 보험회사를 때려치우고 지리산에서 녹차밭을 일구는 사람이 생긴다. 잘 나가는 회사에 사표를 던지고 작은 분재원을 차리기도 한다. 김밥장사를 하며 모아온 전재산을 대학에 장학금으로 내놓고, 정부보조금으로 받은 돈을 모아 양로원에 기탁하는 기초생활수급자도 보인다.

그들은 그것을 통해 자신의 존재의 의미를 찾았기에 무척 기쁘다고 말한다. 이제 이런 현상은 사회 전반에 퍼져 누구나 자기 삶의 '의미'를 찾으려는 노력을 그치지 않고 있다. 이제 '의미의 시대'가 온 것이다.

책을 읽는 사람들은 그 내용이 가지고 있는 의미를 추출할 수 있어야 한다. 그래야 현대사회에 필요한 요소를 추출해 낼 수 있다. 생산적 책읽기는 책 속에서 우리가 어떤 의미를 찾아내는가에 전적으로 의존하는 것이다. 그러므로 이런 질문을 던질 수 있어야 한다.

"도대체 이 이야기가 담고 있는 의미는 무엇일까?"

책을 잘 읽는 것은 다양하고 유익한 의미들을 잘 찾아내는 것에서 시작된다. 시대에 따라서 책 읽는 효용성의 기준은 달라지게 마련이다. 지금 시대에 필요한 효용은 바로 의미를 찾아내는 것이다. 의미를 잘 찾아내야 적절한 곳에 사용할 수 있다.

　의미를 찾아내는 것은 의외로 간단하다. 스스로에게 책이 담고 있는 의미가 무엇인지 질문하면 된다. 그러면 답이 나온다. 문제는 읽으면서 질문을 잊어버린다는 점이다. 숙련이 되어 있지 않다면 책의 첫 페이지에 '의미를 찾자'라고 적어두고 읽어가는 것도 좋다. 끊임없이 질문하는 것만이 다양한 의미를 찾을 수 있는 최선의 방법이라고 믿는다. 자신을 믿고 의미를 찾는 질문을 던지다보면 깨달음의 때가 올 것이다. 우리가 준비가 되어 있기만 하다면.

왜 책을 쓰는가

아래는 어느 독자가 보내온 메일이다. 이 메일을 받고 책을 쓰는 진정한 의미를 알게 되었고, 앞으로 어떻게 책을 써야 할지도 깨닫게 되었다.

"오늘 문득 그런 생각이 들었습니다. '작가님이 쓰신 책을 한 부분 한 부분 음미하며 읽어보고 싶다' 그래서 구입했던 《책을 읽어야 하는 10가지 이유》를 펴고 볼펜을 들고 한줄 한줄에 주석을 달아가며 읽고 있습니다. 그런데 신기한 점을 발견했습니다. 처음에 이 책을 도서관에서 빌려서 읽을 때는 한권을 다 보는데, 2시간 반 정도가 소요되었습니다. 그런데 지금, 한줄 한줄에 주석을 달아가며 읽어가는 방식을 택하니 2시간 가량을 투자하여 100페이지를 읽었습니다.

첫 번째 말씀드리려는 것은, 여태 제가 책을 읽으면서 딱 한번 경험한 몰입을 이 책을 읽으며 두 번째 느끼게 되었습니다.(첫 번째는 빅터 프랭클의 《죽음의 수용소에서》입니다)

두 번째는, 책의 텍스트 한줄 한줄에 어쩌면 책의 내용보다 더 많은 주석을 기록하면서 마치 제가 책을 쓰고 있다는 느낌이 들었다는 것입니다.

마지막 세 번째는, 제가 살아온 삶이 주석을 달고 있는 이 책 한권에 정리가 되어가고 있다는 느낌을 받았습니다.

그 느낌을 받게 된 책이 작가님의 책이라는 것이 무엇보다 기뻐서 작가님께 알려드려야겠다고 생각했습니다."

생산적 책읽기 두 번째 이야기
— 읽고 정리하고 실천하기

마구 비틀어야 '응용'이 나온다

"중요한 것은 많은 지식이 아니다.
알 수 있는 모든 지식 중에서 가장 필요한 지식을 찾는 일이다."
—톨스토이

나는 은유를 좋아한다. 세상의 생김새를 이해하고 숨어 있는 진실을 발견하는데 은유만큼 힘 있고 좋은 수단은 없기 때문이다. 나는 유명한 저자들의 명언과 책에서 읽은 멋진 구절들을 만나면 노트에 적어두거나 파일로 저장해둔다. 지금까지 명언들을 모아둔 노트만 몇 권이 있고 파일도 몇 개 된다. 이렇게 틈틈이 모아놓은 은유들을 바탕으로 《내 삶을 만들어준 명언노트》라는 책도 쓸 수 있었다.

은유들을 모아온 것은 오래 전부디. 이상하게 은유는 사람을 끄는 힘이 있다. 그냥 좋았다는 말이 더 적절한지도 모르겠다. 은유들을 모아두고 읽어가면서 느끼는 점 하나는 은유들을 읽을수록 어떤 힘 같은 것이 느껴진다는 것이었다. 은유는 단정 짓는다. '인생은 맛있다'와 같은 단정적인 표현을 사용하기 때문에 인생이 맛이 없다고 생각하던 사람도 맛있게 느껴지게 한다. 은유는 잊어버린 것을 되살려주고 잃어버린 곳이 어딘지 알려준다. 그래서인지 은유를 좋아하는 사람들이 많다. 자신의 블로그에 명대사, 명장면, 명언들을 수집해서 올리는 사람도 제법 있다. 이들은 은유의 맛을 아는 사람들이며 은유에 빠진 사람들이다.

  은유가 가진 또 다른 힘은 하나를 통해서 세상의 다른 면을 알려준다는 점이다. 이것은 텍스트를 있는 그대로만 받아들이는 사람들은 느낄 수 없는 면이다. 있는 그대로를 받아들이는 사람은 하나를 읽으면 하나만 아는 것으로 그친다. 반면 은유를 비틀어 볼 수 있는 사람은 하나를 읽고도 열 이상을 알게 된다. 이때 비틀어보기가 그것을 가능하게 해준다.

: 사랑이 멀리 있으면 삶도 멀리 있다.
: 사람은 자기 자신과 평화로울 줄 알 때 비로소 다른 사람과도 평화로울 수 있다.
: 정치를 경멸하는 국민은 경멸당할 만한 정치를 가질 수밖에 없다.
: 선(善)은 작을수록 아름답다.
: 상대를 믿지 않으면 상대에게 속아도 속은 것이 정당하게 되는

것이다.
: 남들에게 자신은 아첨하는 일이 절대로 없다고 일부러 말하는 것은 아첨하는 것이다.
: 기품은 우리가 땅 위에 두 발을 딛고 서는 방식을 존중하는 데서 온다.
: 인간은 영원히 죽지 않을 것처럼 살아가다가 한번도 제대로 살아보지 못하고 죽어간다.

이 은유들은 내가 좋아하는 것들이다. 좋아하는 것들이기에 자주 읽는다. 읽다 보면 그 뜻이 참으로 오묘하다는 생각을 하게 된다. 세상이 온통 은유에 의해서 흘러가는 것처럼 보인다. 그러다가 문득 그게 아닌데 하는 생각도 하게 되고, 또 다른 생각들로 확장되어 흘러간다. 그리고 비틀기 시작한다. 비틀기는 무엇을 말하는 걸까? 은유의 형태를 이리저리 바꾸어 본다는 말이다.

첫 번째 비틀기는 서술어를 바꾸어 보는 것이다. 예를 들어 '사랑이 멀리 있으면 삶도 멀리 있다'는 구절의 서술어를 바꾸어 보자. '사랑이 가까이 있으면 삶도 가까이 있다'로 바꿀 수 있다. 혹은 '사랑이 멀리 있으면 삶은 가까이 있다'로 바꿀 수도 있다. 이렇게 바꾸어 보면 내용이 조금 확장되고 옳은 내용인지 아닌지 판단할 수 있게 된다. '인간은 영원히 죽지 않을 것처럼 살다가 한번도 제대로 살아보지 못하고 죽어간다'를 바꾸면 '인간은 금방 죽을 것처럼 살다가 한번도 제대로 살아보지 못하고 죽어간다' '인간은 금방 죽을 것처럼 살아야 제대로 살아보고 죽을 수 있다' 등으로 바꿀 수 있다.

 이 과정을 통해서 내용이 확장되고 생각의 폭이 넓어진다. 금방 죽을 것처럼 살아야 최선을 다할 것이다. 그때 인간은 비로소 제대로 살아가는 것이라는 생각에 이를 수 있는 것이다. 이것은 누가 가르쳐 준 지식이 아니라 하나의 은유를 통해서 스스로 만들어낸 지식이다. 덕분에 하나를 통해 여럿을 알게 된다.

 두 번째 비트는 방법은 명사를 바꾸는 방법이다. 주어나 목적어 같은 명사를 바꾸면 은유가 새로운 내용으로 변화됨을 알 수 있다.

'사람이 멀리 있으면 삶도 멀리 있다'

'지혜가 멀리 있으면 행복도 멀리 있다'

'고통이 멀리 있으면 보람도 멀리 있다'

'인내가 멀리 있으면 희열도 멀리 있다'

'양심이 멀리 있으면 깨달음도 멀리 있다'

'책이 멀리 있으면 지혜도 멀리 있다'

'눈물이 멀리 있으면 마음도 멀리 있다'

'꿈이 멀리 있으면 젊음도 멀리 있다'

'노래가 멀리 있으면 낭만도 멀리 있다'

'시가 멀리 있으면 여유도 멀리 있다'

'네가 멀리 있으면 그리움도 멀리 있다'

이렇게 수많은 내용으로 치환이 가능해진다. 그리고 그 과정을 통해서 생각이 확장되고 커지며 넉넉해진다.

진정한 독서의 즐거움은 이런 확장의 과정에 있다고 믿는다. 이 과정에서 우리 안에 지식과 지혜와 철학이 담겨있음을 알게 되고, 비로소 자신의 가치를 확인한다. 덕분에 나도 괜찮은 사람이 되고 밝고 행복해진다.

이런 치환과 비틀기는 은유에만 가능한 것이 아니다. 다른 문장들에도 적용이 가능하다.

'술을 좋아하는 사람은 두 가지 부류가 있다고 한다. 하나는 술 자체를 좋아해서 마시는 사람이고, 다른 하나는 술 마시는 분위기를 좋아하는 사람이다. 전자는 술에 중독된 사람이고, 후자는 사람에 중독된 사람이다'

이것을 다른 분야로 확장시켜 보자. 커피를 좋아하는 사람, 책을 좋아하는 사람, 돈을 좋아하는 사람 등의 내용으로 확장시킬 수 있다. 커피를 좋아하는 사람도 커피 맛을 좋아하는 사람이 있고, 다른 사람들과 함께 하는 분위기가 좋아서 마시는 사람이 있다. 책 읽는 사람도 읽고 배우는 것 자체를 좋아하는 사람이 있고, 책 그 자체가 좋아서 모으기를 즐기는 사람이 있다. 돈 그 자체가 좋아서 모으기만 하는 사람이 있고, 돈을 잘 쓰기 위해서 모으는 사람도 있다.

이렇게 하나의 내용을 다른 영역으로 확장할 수 있다. 확장하는 과정에서 재미가 생긴다. 재미가 있으니 읽기가 즐겁다. 이렇게 확장한 후에 해야 할 중요한 작업이 하나 남았다. 그것은 어느 것이 더 가치 있고 지혜로우며 우리의 삶의 문제를 해결하는데 도움을 주느냐를 판단하는 것이다. 자신이 어떤 방식을 선택해서 살아갈 것이냐를 생각해보고 결정할 수 있다면 이런 작업에 쏟은 노력은 아깝지 않을 것이다. 술이나 커피, 책, 돈은 좋고 나쁨이 없다. 그냥 존재하는 것이다. 문제는 우리가 그것을 사용하는 방식이다. 칼로 음식을 할 것인가 살인을 할 것인가 하는 결정은 우리의 몫이다. 때문에 이런 가치판단을 연습해두지 않으면 안된다.

나는 책 자체를 좋아하는 사람일까? 책속의 지식을 좋아하는 사람일까?

나의 지식은 오직 나만을 위한 것인가? 다른 삶의 행복도 고려한 것일까?

나만의 '죽이는 한마디'를 만들자

나만 비틀고 응용하기를 사용하는 것은 아닌 모양이다. 카피라이터로 크리에이티브 분야에서 25년을 넘게 일해 온 탁정언 씨는 그의 책 《죽이는 한마디》에서 비틀어서 응용하기를 '치환의 원리'로 표현하고 있다. 'e-편한세상' '딴지의 제왕' '두사부일체' '투사부일체' '아침햇살' 등이 치환의 원리를 통해서 만들어진 것들이란다.

치환의 원리를 이용해서 만들어진 한마디는 기존에 주어진 표현에서 글자 한두 개만 바꾸었을 뿐인데도 예전의 표현과는 전혀 다른 의미와 가치를 가진다. 기존에 익숙해져 있는 글귀로 인해 친숙하면서도 새로운 뭔가를 전달하니 저항감도 적고 재미도 있다. 모방은 창조의 어머니라는 말이 이럴 때 통하는 것이리라.

문제는 자신의 일에서 이것을 적용할 수 있는가 하는 점이다. 홍보문구 하나, 기안문서의 제목 하나라도 이렇게 바꾸어 보면 어떨까? 자기만의 죽이는 한마디를 만들어 보는 재미라면 오늘 사무실이 좀 더 즐겁지 않을까?

생산적 책읽기 두 번째 이야기
— 읽고 정리하고 실천하기

배움 뒤 배움의 의지를 남기자

"약속을 한 다음, 그 약속을 지키는 것이 미래에 영향을 미칠 수 있는 유일한 방법이다."
—한나 아렌트

황상(黃裳)은 정약용 선생의 제자이지만 어린 시절 제대로 배우지 못했던 모양이다. 하루는 용기를 내어 다산 정약용 선생을 찾아갔다. 다산 선생은 그의 사람됨을 금방 알아보고 제자로 거두었다. 그가 남긴 《임술기(壬戌記)》라는 저서에 다산 선생과의 재미있는 일화가 있다.

사제지간이 되고 이레째가 되는 날 스승님이 문사(文史)를 공부하라고 말씀하셨다. 나는 부끄러워 머뭇거리다가 말씀을 올렸다.
"제게는 세 가지 병통이 있습니다. 첫째는 둔한 것이요, 둘째는 꽉 막힌 것이요, 셋째는 미욱한 것입니다."

그러자 선생님이 말씀하셨다.

"공부하는 자들은 세 가지 병통을 가지고 있는데 너는 그것이 없구나."

"첫째는 기억력이 뛰어난 병통으로 공부를 소홀히 하는 폐단을 낳으며, 둘째는 글짓는 재주가 좋은 병통으로 글이 허황하게 되는 병통을 낳으며, 셋째는 이해력이 빠른 병통으로 거칠게 되는 병통이 있다."

"둔하지만 공부에 파고드는 사람은 식견이 넓어지고, 막혔지만 잘 뚫는 사람은 흐름이 거세지며, 미욱하지만 잘 닦는 사람은 빛이 난다. 파고드는 방법은 무엇이냐? 근면함이다. 뚫는 방법은 무엇이냐? 근면함이다. 닦는 방법은 무엇이냐? 근면함이다. 그렇다면 부지런히 하는 것은 어떻게 해야 할까? 마음가짐을 확고히 하는 데 있다."

여기서 다산 선생은 배운 것이 없고 세 가지 병통만 가진 제자를 오히려 위로해주면서 학문에 뜻을 두어도 좋다고 말하고 있다. 그가 보기에 제자는 부지런함으로 하나를 파고들어 끝장을 보는 훌륭한 학생이었기 때문이다.

요즘 사람들은 다산 선생이 말하는 세 가지 병통에다 하나를 더 가지고 있는 듯하다. 네 번째 병통인 셈이다. 그 병통이란 바로 '대충 읽고는 다 아는 척 하는 것'이다.

예전과는 달리 요즘은 배울 수 있는 기회가 넘쳐나는 시대다. 세상에 널린 것이 책이요, 학원이다. 인터넷에는 배울 수 없는 것이 없고, 가르치지 못하는 것도 없다. 대학에서는 다양한 수업을 준비하지 않으면 학생들을 모을 수 없고, 기업은 직업훈련을 시키지 않으면 인적 자원을 양성할 수 없다. 시청에서조차 주기적으로 유명강사들의 무료강연회를 열어주는 서비스로 주민들의 마음을 얻고 싶어 한다. 이러니 배움의 기회가 넘쳐날 수밖에 없다. 이런 경향이 반영되어서인지 전문 강사들조차 가끔 하소연을 한다.

"요즘 교육하기가 정말 힘들어요. 하도 다양하고 많은 교육들을 듣다 보니 교육내용은 다 잊어버리고 어떤 강사가 잘한다 못한다 하는 평가에만 익숙해요. 이러니 강의할 맛이 나겠어요?"

이는 비단 강의를 듣는 사람들만의 문제가 아니다. 책을 읽는 사람들 또한 마찬가지다. 자기계발서적들을 읽어온 사람들은 대부분 '그 내용이 그 내용이다'는 말을 한다. 물론 맞는 말이다. 한국사회의 자기계발서들은 천편일률적으로 미국에서 물 건너 온 이야기들을 토착화시키지 못하고, 사례부터 원리까지 그대로 사용하는 경우가 많다. 하지만 그 책들을 읽고 자기 것으로 만드는 자신에 대한 분석은 아쉬운 점이 많다. 제대로 배우고 자기 삶에 적용시켜 스스로를 변화시키지도 못하면서 '이 책은 좋고 저 책은 나쁘고'하는 식의 평가만 늘었다. 덕분에 삶은 변하지 않고 잔소리만 늘었다.

반복되는 이야기들을 듣다 보면 그 이야기가 다 아는 것처럼 들린다. 책도 반복해서 비슷한 내용을 읽다 보면 싫증이 나고 다 아는 것 같다. 정작 자신을 바꾸지는 못하고 머릿속에 얕은 지식만

들어왔을 뿐인데 말이다. 제대로 알지도 못하면서 안다고 생각해 버리니 호기심이 생길 턱이 없다. 진리에 대한 열정과 애정으로 타오를 리도 없다.

요즘 책 읽는 사람의 병통이 바로 이것이다. 공부하고 강의 듣는 학생들의 병통도 여기에 있다. 제대로 확실히 공부하면 결국 '나는 모른다. 더 이상 알 수가 없다. 이것이 나의 한계다. 그래도 이 의문만은 해결해보고 싶다'는 생각이 든다. 수시로 한계에 부딪히고 못난 자신이 원망스럽고 알 듯 말 듯한 아쉬움에 잠을 설친다.

배움은 배움에 대한 애정과 의지가 남아야 한다. 배우고 난 후에 지식만 남는다면 그것은 배운 것이 아니다. 배운 후에도 더 배우고 싶고, 더 알고 싶고, 더 궁금해져야 한다. 호기심과 열정이 남지 않는 배움은 진정으로 배운 것이 아니다. 배움은 앞으로 나아가는 과정에서 오는 선물이다.

배움 후에 이어지는 다음 배움이 없다면 우리는 멈춰 서고 만다. 인간 존재는 앞으로 나아가야만 하는 특성을 가졌다. 멈추지 않기에 인간이고, 극복을 지향하기에 존재할 수 있다. 대충 아는 병통에 빠진 사람은 나아가는 인간이 아니다. 잘난 척하기를 좋아하고 게을러서 쉽게 대충 만족해버리는 못난 사람이다. 이 네 번째 병통은 약이 없다. 오직 다산 선생이 지적한 근면함과 뜻을 확고히 하는 것 외에는.

우리는 모두 황상과 다르지 않다. 세 가지 병통을 가졌고, 네 번째 병통도 있다. 읽은 것을 금방 잊어버릴 정도로 기억력이 나쁘고, 수십 번 고쳐 써도 제대로 된 글짓기가 안 되고, 읽어도 무슨 내용인지 제대로 이해하지 못하는 경우도 많다. 하지만 기억력이 나쁘기 때문에 오히려 그것을 이겨내면서 학문이 견고해진다. 제대로 글짓기가 안 되기 때문에 수천 번 고쳐 쓰다 보니 한 획으로도 큰 감동을 줄 수 있게 된다. 읽어도 이해가 잘 안되기 때문에 수백 번 읽어 글을 넘어선 깨달음에 이를 수 있다.

 기억력이 나쁘고, 글짓기가 느리고, 이해력이 느리다는 이유로 자신을 방기하지는 말자. 황상처럼 세 가지 병통을 인정하고, 스승의 뜻을 따라 학문의 길에 나서자. 여러 가지 병통을 다 가졌으되 부지런함, 마음을 확고히 하는 의지는 잃지 말자. 그것이 병통을 넘어 우리를 나아가게 할 것이다. 그것마저도 없다면 내가 너무 가련하지 않은가.

생쥐는 생쥐, 인간은 인간일 뿐이오

:

족제비와 싸워 매일 지기만 하는 생쥐들이 회합을 열어 동료들 중 몇몇을 장군으로 선출했다. 자신들이 지는 이유가 통솔력이 부족하고, 화합하지 못했기 때문이라는 결론을 내렸기 때문이었다. 그리고 장군이라는 것을 나타내기 위해 모자에 뿔을 달아 머리에 쓰고 전투에 임하도록 했다.

하지만 생쥐는 생쥐일 뿐이어서 족제비를 이길 수가 없었다. 족제비와의 전투에서 패한 여러 생쥐들은 어쩔 수 없이 이리저리 도망을 치게 되었다. 다행히 대부분의 생쥐들은 쥐구멍을 찾아 안전하게 대피할 수 있었다. 하지만 불행히도 장군들만은 그렇지 못해 족제비에게 잡아먹히고 말았다. 뿔을 단 모자가 걸려 쥐구멍으로 들어가지 못했기 때문이었다.

생쥐가 뿔 달린 모자를 쓴다고 족제비를 이길 수 없듯이 인간도 아는 것이 좀 많다고 해서 인간 이상의 그 무엇이 될 수는 없는 일이다. 많이 알든 적게 알든 인간일 뿐이다. 모든 것을 다 아는 신과는 달리 인간은 끊임없이 알고자 하는 존재다. 인간은 알아가면서 이해하고 발전하고 행복을 느낀다. 아는 것 자체가 존재를 바꿔주지 않는다. 앎을 추구하는 것 자체가 존재양식을 말해 줄 뿐.

어떤 아이가 목사님께 질문을 던졌다.

"하느님은 누가 만들었어요?"

생산적 책읽기 두 번째 이야기
— 읽고 정리하고 실천하기

끊임없이 질문하며 읽어라

"묻기를 두려워하는 것은 곧 배우기를 두려워하는 것이다."
-네델란드 속담

어느날 깨달음을 얻은 제자가 소크라테스에게 말했다.
"스승님, 이제 진리가 무엇인지 알 것 같습니다."
"그래 진리가 무엇인가?"
"진리란 바로 마땅히 그러해야 하는 것입니다."
"그래? 그렇다면 마땅히 그러해야 하는 것은 무엇을 말하는가?"
"해가 동쪽에서 뜨고 동물은 먹어야 하고 사람은 마침내 죽는 것을 말합니다."
"그렇다면 왜 해는 동쪽에서 뜨고 동물은 먹어야 하고 사람은 죽을 수밖에 없는가?"

"……."

 소크라테스는 제자들을 가르치면서 끊임없이 질문을 던졌다. 왜 그렇게 생각하느냐, 왜 그런 의문을 가지게 되었냐고 물으면서 제자들이 질문에 답변하도록 이끌었다. 그 과정에서 제자들은 자신만의 생각들을 엮어 새로운 생각들을 만들어내고 창의적인 사고를 키워나갔다.

 제 아무리 똑똑하고 잘난 사람도 소크라테스 앞에서는 아무런 힘을 발휘하지 못했다. 왜냐하면 소크라테스는 답을 말하지 않고 질문만 던졌기 때문이다. 똑똑한 사람이 무엇인가를 주장하면 소크라테스는 '왜?'라고 묻는다. 질문을 받으니 대답을 할 수밖에 없다. 그 대답에 대해서 또다시 '왜?'라고 묻는다. 상대방은 다시 답한다. 그 답에 대해 또 '왜?'라고 묻는다. 결국 반복되는 질문과 대답의 끝에 가면 대답하는 사람은 자신의 한계를 드러낼 수밖에 없다. 상대방이 한계에 달했을 때 소크라테스는 이렇게 말한다.

"너 자신을 알라."

 무식함은 이렇게 드러난다.

 소크라테스의 위대함은 여기에서 그치지 않는다. 그의 질문은 상대방을 깔아뭉개고 자신이 지적 승리자가 되기 위한 것이 아니었다. 질문을 던짐으로써 상대방의 마음속에 있는 깊은 생각을 이끌어내고 질문의 방향을 조절함으로써 적절한 해답에 이를 수 있도록 돕기 위한 것이었다. 답을 알려주지 않고 답을 찾는 길을 알려주는 것이 그의 방법이었다. 이런 소크라테스의 제자 육성법을 산모가 새 생명을 무사히 낳을 수 있도록 도와주는 것과 같다고 해서 '산파술産婆術'이라는 이름이 붙었다.

그런 의미에서 '너 자신을 알라'는 말은 이렇게 해석될 수 있을 듯하다.

"너 자신 속의 생각을 꺼내 사용하라."

내 안에는 많은 사람들이 들어 있다. 내가 알지 못하는 많은 사람이 내 마음속에 들어 있어 온갖 생각을 가지고, 온갖 지식을 숨겨둔 채 서로 자리다툼을 한다. 불행히도 우리는 그들의 존재를 눈치 채지 못하고 있다. 우리 마음속, 그들의 생각과 지식들을 꺼낼 수만 있다면 우리는 세상의 어떤 문제도 해결해낼 수 있는 창의적인 인간이 될 수 있을 것이다. 우리는 불행히도 그것을 꺼내는 방법을 잘 알지 못한다. 그래서 질문을 해야 한다. 질문을 하면 그들이 답을 알려준다.

'나는 책을 읽으면서 그 내용을 단지 머릿속에 쑤셔 넣기만 하는 사람인가? 아니면 의문을 가지고 '왜?'라고 질문하며 자기 생각을 만들어가는 사람인가?'

최근 마음속에 확고하게 자리 잡은 하나가 있다. 그것은 질문은 답을 찾아내는 훌륭한 기술로만 그치는 것이 아니라는 사실이다. 질문은 기술이 아니라 '답'이었다. 어떤 질문을 반복해서 살펴보고 곱씹어보자. 의외로 답이 그 속에 들어 있는 경우가 많다. 까닭에 '어떻게' 질문하느냐가 중요하다.

질문을 효율적으로 하는 방법 중 하나는 추상적인 질문을 먼저 던진 뒤 차츰 구체적인 질문으로 옮겨가는 것이다. 예를 들어 사뮤엘 헌팅턴은 《문명의 충돌》에서 '다음 세대는 문명의 대결권이 될 것이다'고 주장했다. 이때 현명한 독서가라면 스스로 의문을 품고 이런 질문을 던질 것이다.

'왜 문명일까?' '이데올로기, 자원, 인재를 얻기 위해 대결하지는 않을까?' 보통의 독서가들은 문명의 충돌이 일어날 것이라는 주장에만 집중해 이 책의 핵심은 미래 사회는 문명 간의 충돌이 주된 이슈가 될 것임을 예견한 것이라고만 이해한다. 현명한 독서가는 문명이 왜 충돌의 주체가 되는지를 묻는다. '왜?'라는 질문을 통해서 이유를 따져보는 것이다. 이런 질문을 던진 후에는 좀 더 구체적으로 질문하는 것이 가능해진다.

'그렇다면 어떤 문명끼리 충돌하게 될 것인가?' '구체적인 충돌의 모습은 어떻게 드러날까?' '언제 본격적인 모습이 드러날 것인가?'라고 묻는 것이 가능해지는 것이다.

크고 추상적인 질문이 주로 '왜?'를 묻는 것이라면 세부적이고 구체적인 질문은 '언제, 어떻게'를 묻는다. '왜?'라는 질문은 이유를 묻는 것이어서 보다 근본적인 반면 '언제'와 '어떻게'는 '왜?'라는 근본적인 질문에 동의를 한 후 따라오는 것이다. 이 '왜?'라는 의문이 사라졌을 때 우리는 스스로 생각할 수 있는 기회를 잃어버리고, 책의 내용을 그대로 받아들이는 기계적 사고에 갇히게 된다. 때문에 '언제, 어떻게'와 같은 세부적인 것들을 공부하기 전에 '왜'라는 답을 스스로 가져야만 한다.

고객에게 친절하기 위한 방법들을 열심히 이야기 해봤자 '왜 친절하게 대해야 하는데?'라는 질문에 대한 답을 가지고 있지 않은 사람들에게는 '소 귀에 경 읽기'가 될 뿐이다. 반면 그 이유를 가지고 있는 사람들은 어떤 식으로든 자기만의 친절법을 가지려고 노력하기 때문에 스스로 방법을 찾아내고 배우려 노력한다. 이는 어린 아이들도 마찬가지이며 배우는 학생들도 마찬가지다. '왜?'라는 질문에 대한 답을 가진다는 것은 삶의 큰 힘을 가지는 것과 같다.

직장인들이 '왜?'라는 질문을 할 수만 있다면 얼마나 큰 힘을 얻게 되는지 생각해보자.

직장인들 대부분은 자신에게 주어진 일에 대해서 '왜?'라는 질문을 던지지 않는다. 귀찮기 때문이거나 일에 익숙해져버렸기 때문이다. 그 대답을 찾아내지 않으면 어떤 결과가 일어날까? 일을 해야 하는 이유가 없으면 일의 의미를 알 수 없다. 일의 의미를 알지 못하면 일에 대한 의욕이 생기지 않는다. 주어진 일이니까, 월급을 받아야 하니까 할 수 없이 한다는 정도의 낮은 의욕에 그친다.

반면 스스로 '왜?' 라는 질문에 답을 가진 사람은 일을 생각하는 방식 자체가 다르다. 이유를 알기에 일의 성격을 안다. 성격을 알기에 자기만의 방향을 설정해서 자기만의 방식으로 일을 풀어나간다. 바로 자기만의 방향과 방식으로 일을 하기 시작하면서 '창의성'이 생긴다. '왜?'라는 질문 그 자체에 창의적인 대답이 담겨 있는 셈이다. 우리가 자신의 일에 대한 의미를 가져야 하는 이유가 여기에 있다.

이 책을 읽고 있는 분들께서도 이런 질문을 던져보길 권한다.
'내가 왜 이 책을 읽어야 하지?'

깨어 있는 사람 VS 잠자는 사람

:

깨어 있는 사람은 자신을 먼저 살피고, 잠자는 사람은 다른 사람을 먼저 살핀다.

깨어 있는 사람은 자신의 잘못을 고치고, 잠자는 사람은 다른 사람의 잘못을 지적한다.

깨어 있는 사람은 지하철에서 자리를 양보하고, 잠자는 사람은 다른 사람이 양보하게 만든다.

깨어 있는 사람은 배움을 좋아하는 사람이고, 잠자는 사람은 배운 것을 좋아하는 사람이다.

깨어 있는 사람은 배우려는 사람이고, 잠자는 사람은 가르치려는 사람이다.

깨어 있는 사람은 자기를 아는 사람이고, 잠자는 사람은 다른 사람을 안다고 생각하는 사람이다.

깨어 있는 사람은 좋아서 책을 읽고, 잠자는 사람은 남들이 좋아하는 책을 읽는다.

깨어 있는 사람은 자신에 대해 웃을 수 있는 사람이고, 잠자는 사람은 남들이 자신을 비웃는 사람이다.

'왜?'라고 질문하는 사람은 깨어 있는 사람이다.

생산적 책읽기 두 번째 이야기
─ 읽고 정리하고 실천하기

마침표를 물음표로 바꾸어라

"과거에서 배우고, 현재를 위하여 살고, 미래를 꿈꿔라.
중요한 것은 질문을 멈추지 않는 것이다."
-앨버트 아인슈타인

어느 제자가 조주 선사에 물었다.
"스님, 달마 조사께서 서쪽에서 온 까닭은 무엇입니까?"
조주가 대답했다.
"앞뜰에 잣나무가 있느니라."
당황한 제자가 무슨 뜻이냐고 묻자 조주 선사는 또다시 같은 대답을 반복했다.
"앞뜰에 잣나무가 있느니라."
오랫동안 이 선문답을 두고 이리 보고 저리 보고 하다 문득 답을 얻은 적이 있었다. 그때의 감회를 나는《책을 읽어야 하는 10가지 이유》에서 이렇게 풀이했다.

"달마에게서 이유를 찾으려 할 것이 아니라 자기 자신에게서 찾으라는 일침입니다. 다른 사람이 아무리 뛰어나더라도 결국 인간은 자신의 삶을 자신이 살아가게 됩니다. 다른 사람들이 그 이유를 제공해 줄 수는 없지요. 그것을 제자에게 알리고 있는 것인지도 모릅니다."

그런 결론에 도달한 후에도 이 선문답에 대한 끈을 놓지 못했다. 선문답이란 정답이 있는 것이 아니다. 이렇게 보면 이렇게, 저렇게 보면 저렇게 보이는 법이다. 때문에 이 이야기를 읽을 때마다 다른 결론들이 흘러나오곤 했다.

최근에 이르러 완전하지는 않지만 괜찮은 결론 하나를 얻게 되었다. 그것은 '앞뜰에 잣나무가 있느니라'라고 했던 조주 선사의 대답이 사실은 대답이 아닐 수도 있다는 데서 시작되었다. 그것은 대답이 아니라 또 다른 질문 같은 것이었다.

달마 조사께서 왜 서쪽에서 오셨는지는 앞뜰의 잣나무가 존재하는 이유와 비슷할 것이다. 앞뜰에 잣나무는 왜 있을까? 왜 앞뜰에, 그것도 잣나무로 그 자리에 꿋꿋이 서있는 걸까? 존재의 이유는 무엇이며, 우리는 어떻게 존재하는가? 이런 이야기들을 '앞뜰의 잣나무가 있느니라'는 대답이 묻고 있는 것이다. 정리하자면 '앞뜰에 잣나무가 있느니라'는 대답이 아니라 질문일 수도 있다.

이는 곧 존재는 존재의 이유가 있기 때문에 존재하는 것이 아니라 존재하고 있기 때문에 그 이유를 찾으려고 한다는 것과 통한다. 내가 왜 태어났는지 그 이유를 찾으려면 끝이 없다. 대신 '기왕 태어났으니 어떻게 살아야 할까?'라고 생각하면 비로소 삶의 방법이 눈에 들어온다. 조주 선사는 앞뜰의 잣나무를 통해 존재의 이유를 따질 것이 아니라 존재의 방법에 대해서 고민하라고 충고하고 있는 지도 모른다.

우리는 대답을 대답으로만 이해한다. 마침표로 끝나는 문장을 질문으로 받아들이지 못한다. 마침표로 끝나는 대답 같은 문장들을 물음표의 질문으로 바꿀 수만 있다면 우리는 다른 사람들이 미처 생각하지 못한 새롭고도 다양한 것들을 무수히 발견할 수 있을 것이다.

살다보면 단편적인 생각에만 빠져 있는, 흔히 귀가 얇은 사람들을 만나게 된다. 그런 사람들의 특징 중 하나가 다른 사람들의 이야기를 잘 믿는다는 것이다. 거짓말 같은 이야기도 사실처럼 쉽게 믿는다. 마침표가 찍힌 말들을 그대로 받아들이는 것이다. 그들은 의문을 품지 않는다. 마침표를 물음표로 바꾸지 못해 '설마 그럴까?' '혹시 다른 이유들이 있지는 않을까?'라는 생각으로 확장하지 못하기 때문이다.

이렇게 단편적으로만 생각해서 주어지는 말과 글을 그대로 받아들이기만 하면 자기만의 생각을 만들기 어렵다. 읽고 듣고 배운 것을 아무리 축적해도 자신만의 생각은 만들어지지 않고, 다른 사람들이 했던 이야기와 글들만 넘쳐난다. 게다가 그 이야기들마저도 서로 융화하여 새로운 지식으로 전환되지 못해 모래알처럼 각자 따로 놀면서 일관성 없는 말과 행동을 반복하게 한다. 읽고 들은 것들이 화학반응을 일으켜 자신만의 독특한 생각으로 재탄생하기 위해서는 마음속에서 의문을 품고 그 의문에 대한 해답들을 이곳저곳에서 찾아내려는 노력이 필수적이다. 때문에 대답을 질문으로 바꿀 수 있는 능력은 참으로 중요한 지식 창조의 뿌리가 된다.

그렇다면 어떻게 대답을 질문으로 바꿀 수 있을까?

간단한 예를 생각하자.

'사람이 일할 의욕이 사라지는 이유는 귀찮아하기 때문이다'라는 문장이 있다고 하자. 이것은 '사람이 일할 의욕이 사라지는 것은 무엇 때문인가?'라는 질문의 대답이라 할 수 있다. 이 대답을 질문으로 다시 바꾸어 보자. '사람이 일할 의욕이 사라지는 이유는 귀찮아하기 때문일까?'라는 정도로 바꿀 수 있을 것이다. 주장이 의문으로 바뀐다. 이렇게 바꾸고 나면 스스로 새로운 답을 찾아낼 수 있게 된다. 사람이 일할 의욕이 사라지는 것은 귀찮아하기 때문일 수도 있지만 다른 경우들도 많다. 강요받았을 때 일할 의욕이 사라지는 경험을 다들 느껴 보았을 것이다. 이제 다른 사람으로부터 일을 해야 한다고 강요받으면 의욕이 사라진다는 결론 하나를 얻을 수 있게 된다. 아이들이 공부하라고 강요받으면 하기 싫어지는 것과 같다.

왜 이 일을 해야 하는지, 이유를 모를 때에도 일할 의욕이 생기지 않는다. 거기에 아무리 일을 해도 그 일의 결과가 나에게 도움이 되는 경우가 아니거나 내가 싫어하는 사람들을 이롭게 하는 것이라면 일할 의욕이 생기지 않는다. 이렇게 질문으로 바꾸기만 하면 다양한 대답을 스스로 얻을 수 있게 된다. 이 대답들을 또다시 질문으로 바꾸면 더 많은 새로운 대답들을 얻어낼 수 있다.

아주 간단하게 마침표를 물음표로 바꾸기만 해도 내 마음속에 담겨 있던 다양한 대답들을 끄집어낼 수 있다. 그러면서 스스로 놀라기도 한다. '내가 이렇게 좋은 생각들을 가지고 있었단 말이야?' 삶에 자신감이 생기고 나도 제법 괜찮은 사람이라는 긍정적인 자아가 강해진다. 생각은 이렇게 의문을 품고 답을 찾으려고 궁리하고 찾아낸 답으로 자신을 강화하면서 자라는 나무 같은 것이다.

책을 읽는 사람이라면 물음표에 익숙해질 필요가 있다. 마침표를 물음표로 바꿀 수 있는 훈련은 아주 간단하면서도 쉽게 할 수 있다. 마음만 있다면 성의만 있다면 누구나 할 수 있다. 지금부터라도 책 속의 마침표를 물음표로 바꾸어 보도록 하자. 이 글을 제대로 읽은 독자라면 이렇게 말하지 않을까 싶다.

"왜 마침표를 물음표로 바꿔야 해?"

"답을 질문으로 바꾸는 더 좋은 방법은 없을까?"

두 얼굴을 가진 세상

:
예쁜 여자 친구가 생겼으면 좋겠다고 간절히 바랬다.
여자 친구가 없어서 자존심이 상하고 불행하다고 느꼈다.
어느 날, 멋진 여자 친구가 생겼다.
너무 기뻤다.
그때부터 조금씩 불안해지기 시작했다.
'차이면 어쩌지?'
'날 버리고 떠나면 어쩌지?'
세상은 양면적인 것이었다.
여자 친구가 없으면 불행하고, 있으면 불안한 것, 그것이 인생이었다.
질문이 있으면 답이 있고, 질문이 없으면 답도 없다.
답이 있으면 질문이 있고, 답이 없으면 질문도 없다.

생산적 책읽기 두 번째 이야기
— 읽고 정리하고 실천하기

책을 많이 읽어도
성과가 없는 이유

"훌륭한 책들은 모두 지루한 부분이 있고, 위대한 삶에도 재미없는 부분이 있다."
-버트란트 러셀

"처음 자기계발 서적을 읽었을 때의 충격을 잊을 수 없습니다. 정말 살아오면서 느낄 수 있는 충격 중에서 이만한 것도 없었을 겁니다. 너무 기쁘기도 하고 반갑기도 하고 행복하기도 하고… 아무튼 세상에 이런 것도 있구나 싶었습니다. 그 뒤로 자기계발 서적의 마니아가 되었습니다.

수많은 책을 읽을수록 느껴지는 것이 있었습니다. 처음에 스무 권 정도를 읽었을 때는 약간 실망한 책도 있었지만 그런대로 좋았던 것 같습니다. 그런데 점점 더 많은 책들을 읽어 갈수록 비슷한 내용이 반복되고 같은 사례들이 되풀이되는 것을 발견했습니다.

그때부터인 것 같습니다. 더 이상 책의 매력을 잃게 된 것이…

이제 어떻게 해야 할까요? 제법 많은 책을 읽었는데 저는 변한 게 없는 것 같습니다. 실제로 일에서나 사회적 관계에서나 모두 제자리걸음을 하고 있는 것이 사실이구요. 갑갑하기만 합니다."

어느 독자가 보내온 메일이다. 나 자신도 이런 느낌을 받았던 적이 있었다. 아니 있었던 것이 아니라 많았다. 사실 이 문제는 책을 읽는 사람들이 흔히 겪게 되는, 특히 자기계발서나 경제경영서를 읽는 사람들이 느끼는 공통적인 현상이 아닐까 싶다.

인문이나 사회과학을 공부하는 사람들의 입장에서는 이런 경험이 이해되지 않을지도 모른다. 인문 사회과학서적을 읽는 사람들은 장기적인 시선을 가지고 있고, 책 한 권으로 삶을 바꿀 수 없다는 정도는 각오하고 있다. 때문에 끝없는 지식의 습득에 지치기는 하지만 그것 때문에 책읽기 자체를 포기하지 않는 것이 보통이다.

자기계발서적이나 경제경영서적들은 사람을 발전시키기 위해 자극이 강한 용어들과 방법들을 사용한다. 때문에 책을 읽으면서 '이거다' 싶은 생각이 들지만 막상 현실로 돌아와 보면 큰 바다에 소금 한 줌 뿌린 것과 다를 바 없어진다. 이런 이유 때문에 독서에 대한 실망감은 자기계발 서적을 읽는 독자들이 더 자주 느끼게 된다.

언젠가 자기계발 책의 무용성에 대한 이야기들을 동료들과 나눌 기회가 있었다. 제법 책을 많이 읽고 생각도 깊은 동료 한 명이 이런 현상에 대해서 이렇게 분석했다.

"표면의식만 바뀌기 때문에 그래요."

그의 말을 풀이하자면 이렇다. 사람들은 책을 읽으면서 그래야겠다는 의지를 다지곤 하는데, 그 과정에서 진정한 자신의 내면을 변화시키지 못하고 자신의 표층에 있는 생각만 변화시킨다는 것이다. 웃는 얼굴로 사람을 대해야 첫 인상이 좋아진다는 것을 배웠다면 그것을 실천해야겠다는 생각이 든다. 하지만 내면의식을 바꾸지 못했기 때문에 다음에 사람을 만나도 평소의 무표정한 얼굴로 사람을 대하게 된다. 하지만 마음으로는 자신이 조금은 변했다고 생각한다. 읽었던 내용에 익숙해져 행동도 그렇게 하고 있다고 믿는 것이다. 문제는 그렇게 행동은 하지 않으면서도 마음속으로 그렇게 하고 있다고 믿는다는 데 있다. 사정이 이러하니 당연히 사람들과의 관계에는 변화가 없고, 자신에 대한 다른 사람들의 평가도 변하지 않는다. 결국 따라오는 것은 책 읽는 것에 대한 무용함과 실망뿐이다.

동료의 지적은 참으로 적절한 것이었다. 우리 내면의 심층에 있는 잠재의식까지 바꾸어야 사람을 보면 자신도 모르게 웃게 된다. 자신의 가슴 속에서 내면화작업을 거쳐야 하는 것이다. 내면화된다는 말은 각인되어 굳어진다는 말이다. 이렇게 내면화되어 굳어진 것들이 밖으로 드러나는 것을 '태도'라고 한다.

심리학에서는 태도를 세 가지 형태로 본다. 생각, 감정, 행동이 그것이다. 태도란 우리가 가지고 있는 생각과 감정, 행동이 복합된 어떤 것이라는 뜻이다. 우리가 표면의식만 바뀌지 않고, 전체가 변화하기 위해서는 생각과 감정과 행동이 변화되어야 한다.

태도의 변화야말로 삶의 변화이기 때문이다. 당연히 쉬운 일이 아니다.

 표면의식이 아니라 잠재의식까지 모두 다 바뀌어 그것이 자연스러운 태도로 드러나게 하는 일, 그것이 바로 자기계발이 지향하는 목표다. 그렇다면 어떻게 잠재의식까지 바꾸어서 그것이 태도의 변화로 드러나게 할 수 있을까?

 내가 아는 세 가지 방법이 있다. 하나는 아주 큰 충격을 주는 방법이다. 다음은 오랫동안 반복되는 메시지를 접하면서 자연스럽게 몸에 배게 하는 방법이다. 마지막은 스스로의 강한 결단으로 실천하는 것이다.

 첫 번째 방법은 의식적으로 노력한다고 되는 것이 아니다. 이 방법은 우연한 기회가 닿아야 하고 적합한 자극에 노출되어야 한다. 상사들에게 인사를 하지 않아서 승진심사에 탈락한 경험을 가졌거나, 대학 졸업장이 없다는 이유로 입사를 거부당했다거나, 가난 때문에 엄청난 설움을 경험해본 사람처럼 우연히 강력한 자극에 노출되면 변화의 움직임이 생긴다. '그래 내가 어떤 사람인지 보여주지'라는 오기 같은 것이 생기면서 자신을 사회가 필요로 하는 사람으로 바꿔 나가기 시작한다. 그리하여 마침내 큰 변화의 주인공이 되어 다른 사람을 놀라게 한다.

 두 번째 방법은 오랫동안 메시지를 반복해서 접하는 것, 책을 오랫동안 반복해서 읽는 것이다. 비슷한 내용이지만 계속 반복하다 보면 그것이 내 마음 속에 자리 잡게 되고, 비로소 내 생각과 같이 되어버린다. 읽는 것은 판단에 영향을 미치고, 판단은 행동에 영향을 미친다. 우리의 옛 선비들이 공부하는 방식이 이와 같은 것이었다. 읽고 읽고 또 읽었다. 그렇게 읽다 보면 세상의 이치가 눈에 보이고, 그 이치를 신념화하게 된다. 옳고 그름을 알고, 그에 따라 행동할 수 있는 올곧은 선비가 되는 것이다. 그러자면 비슷한 내용이라고 해서 읽기를 멈추어서는 안 된다. 읽고 또 읽어서 줄줄 외울 수 있어야 한다. 다른 사람들 앞에서 그것을 이야기할 수 있어야 한다. 자신이 알고 있는 원리로 세상의 문제들을 해석하고 설명할 수 있어야 한다.

  세 번째 방법은 스스로 강한 결단을 통해서 실천하는 일이다. 이런 방법은 의지가 좋고 욕구가 강한 사람들에게 효과적이다. 남들보다 자신의 마음과 몸을 더 잘 통제할 수 있는 사람들에게 결단은 커다란 힘을 준다. 이들은 행동을 바꿈으로써 생각까지 바뀌게 만드는 사람들이다. 실천을 통해서 스스로의 생각과 판단을 만들어가는 사람들은 의외로 많다. 성격이 외향적인 사람들은 '하면 되지 뭐'라고 생각하고 그냥 해버린다. 어찌 보면 가장 간단하면서도 확실한 방법이다.

  현명한 독서가라면 이런 여러 가지 방법들 중에서 어떤 방법이 자신을 변화시키는 데 효과적인지 잘 알아야 한다. 그것을 알 때 보다 생산적으로 자신을 바꿀 수 있다. 법정 스님은 어느 강연장에서 이렇게 말 한 적이 있다.

  "복습은 단순한 반복이 아니라 새로운 시작입니다. 어제까지 익했던 정진은 어제로써 끝나는 겁니다. 오늘부터는 새로운 시작입니다. 수행이란 나날이 복습하는 것 그것과 다르지 않습니다."

우리가 책을 읽는 것도 이와 다르지 않다. 자신을 잘 관리하고 세상을 현명하게 살고자 한다면 수행하는 마음으로 읽지 않으면 안 된다. 어제의 책읽기는 어제의 것이었을 뿐 오늘은 또 다른 책읽기가 시작된다. 내 속의 잠재의식이 바뀌고, 태도가 변화할 때까지 같은 내용이라도 읽고 또 읽고 실천하기를 반복하자.

'인식'과 '행동'이라는 두 수레바퀴

:

신영복 선생은 감옥에서 보낸 20년이라는 시간 동안 자신을 강화시키고 인식을 확장시키기 위한 노력을 멈추지 않았다. 감옥에서는 지식을 알게 되어도 실천을 통해서 확인할 수 있는 방법이 없다. 때문에 오로지 독서와 경험에 기댄 사색을 통해 자신의 사상을 넓혀갈 수 있을 뿐이다. 인식할 수만 있고 실천할 수 없는 아쉬움을 신 선생은 《감옥으로부터의 사색》에서 이렇게 표현하고 있다.

"징역 속에 주저앉아 있는 사람들이 맨 처음 시작하는 일이 책을 읽는 일입니다. 그러나 독서는 실천이 아니며 독서는 다리가 되어주지 않습니다. 그것은 역시 한 발걸음이었습니다. 더구나 독서가 우리를 피곤하게 하는 까닭은 그것이 한 발 걸음이라 더디다는 데에 있다기보다는 '인식→인식→인식....'의 과정을 되풀이하는 동안 앞으로 나아가기는커녕 현실의 튼튼한 땅을 잃고 공중으로 공중으로 지극히 관념화해 간다는 사실입니다."

이 글에서는 인식에서 인식으로만 이어져 굳건한 사상으로 자리잡지 못하는 독서의 한계를 지적하고 있다. 실천하지 못하는 안타까움을 표현한 글이다. 실천할 수 있는 충분한 조건들이 갖추어져 있음에도 '게으름' 혹은 '두려움' 같은 막연한 것들에 사로 잡혀 말로만 시대가 어떻고, 삶이 어떻고 하는 우리를 질타하기에 충분하다. 책에 대해 이렇다 저렇다 평가하기 전에 작은 내용 하나라도 실천하지 못하고 있는 자신을 다시 돌아보아야 할 때다.

생산적 책읽기 두 번째 이야기
— 읽고 정리하고 실천하기

자투리 시간을 잡아라

"사람의 가치는 그가 사랑하는 것에 의해 정해진다."
-《오늘을 잡아라》, 솔 벨로

책을 좋아하다 보니 책 읽을 시간이 많았으면 좋겠다는 생각이 들 때가 자주 있다. 회사 일과 집안 일, 글쓰기에 매달리다 보면 책을 읽을 수 있는 시간을 확보하기가 쉽지 않은 것이 현실이다. 그래서 가끔은 회사고 뭐고 다 집어치우고 하루 종일 집에서 책이나 실컷 읽을 수 있었으면 좋겠다는 생각이 들기도 한다. 그렇게만 된다면 시간 제약으로 단절되던 생각을 더 깊이 해 볼 수 있는 여유도 생길 것 같았다. 더 좋은 글도 쓸 수 있는 기회도 얻을 수 있을 것 같았다. 이럴 때면 '시간이 없어서 책을 못 읽는다'는 사람들의 변명 아닌 변명이 이해가 가기도 한다.

그러던 어느 날이었다. 휴일인데다 약속도 없고, 아내와 아이들이 함께 외출을 해서 한가로운 오후를 보낼 수 있는 날이 왔다. 도대체 얼마 만에 맛보는 혼자만의 주말이던가! 평소에 그렇게 열망하던 책 읽는 시간이 드디어 확보되었다. 당연히 가족들이 나가자마자 책을 들고 거실에 앉았다. 그리고 고대하던 시간을 즐기기 위해 책을 읽기 시작했다.

한 10분 정도 지났을까? 책이 별로 재미가 없다는 생각이 들었다. 다시 5분 정도가 지났을까? 읽던 책을 던져두고 다른 책을 집어 들었다. 역시 재미가 없었다. 점점 집중도 안 되고, 책을 읽어도 활자가 눈에 잘 들어오지도 않았다.

"에이, 뭐가 이래!"

순간 내 입에서 나온 말이었다. 그렇게 기대하던 한가로운 오후의 넉넉한 책읽기가 전혀 재미가 없다니! 얼마나 기막힌 일인가. 내가 기대하던 것이 이것이 아니었단 말인가? 나는 결국 책읽기를 포기하고 그날의 소중한 오후를 속절없이 흘려보내고 말았다.

그런 일이 있은 지 며칠 후 버스를 타고 가며 책을 읽다가 문득 이런 생각이 들었다. 버스에서는 이렇게 책이 잘 읽혀지는데, 왜 그날 한가로운 오후에는 책이 읽혀지지 않았을까? 왜 시간이 많고 넉넉한 날에는 책이 재미가 없고, 시간도 부족하고 할 일도 많은 날은 책이 잘 읽혀질까?

그 이유는 긴장감과 관련이 있었다.

버스나 지하철, 무엇인가를 하기 위해서 대기하는 짧은 시간이나 어떤 일과 일 사이의 간격에서 주어지는 자투리 시간에는 책이 잘 읽힌다. 집중력도 좋아지고 뭔가 하고 싶다는 열망도 강하다. 긴장감이 고조되어 정신이 살아있다. 이런 긴장감으로 인해 하나를 볼 때도 소중하게 생각되고, 무엇인가를 얻으려고 노력하게 된다.

 시간이 많을 때보다 시간이 부족할 때 책을 읽으면 집중이 잘되는 이유는 배움이라는 것이 필수적으로 긴장을 요구하기 때문이다. 사람은 시간이 부족하다는 생각이 들 때 긴장하게 된다. 이런 긴장으로 인해 집중력이 강화되고, 길고 어려운 문장을 읽어낼 수 있는 힘이 생긴다. 시간이 많다면 내일 해도 되고, 며칠 미뤄도 된다. 지금 꼭 해야 할 이유가 없기에 방심하는 마음이 싹튼다. 마음이 흐트러지니 눈으로 읽는 것이 제대로 보이지 않고, 머리에 쏙쏙 박혀 들지 않는다. 때문에 시간이 많을 때는 오히려 집중력이 떨어지는 것이다. 느긋함은 책읽기에 도움이 되지 않는다.

 자투리 시간에 책이 잘 읽히는 또 다른 이유는 그 시간이 무엇인가를 하고 있는 사이의 짧은 시간이기 때문이다. 이동을 하거나 휴식을 갖게 되면 그 시간 동안에도 하고 있는 일의 목적의식이 작용한다. 우리는 휴식이라고 생각하고 쉬고 있지만 목적의식이 여전히 우리 무의식에 작용해서 책을 읽을 수 있는 에너지를 주고, 목적에 부합되는 내용을 찾아내게 한다. 까닭에 자투리 시간에 무엇을 하는 것이 더 효과적인 것이다.

 책은 읽고 싶지만 시간이 없을 때 우리는 간절해진다. 그 간절함 덕분에 짧은 시간을 소중하게 이용할 수 있게 된다. 시간이 없을 때보다 많을 때 무의미하게 흘려보내거나 엉뚱한 소일거리로 소비되는 시간은 더욱 많아지는 법이다.

 짧은 시간을 효율적으로 이용하자. 지하철이나 버스를 타고 이동하는 시간, 친구와 만나기 위해 기다리는 몇 분의 시간, 점심을 먹고 난 후 남는 20분 정도의 짧은 시간, 다른 사람의 차를 얻어 타고 이동하는 시간, 식당에서 주문한 식사가 나오기 전의 짧은 시간 등이 그런 시간들이다. 이런 시간들은 대부분 무엇인가를 하기 위해서 이동하거나 대기하는 시간들이다. 이 시간들이야말로 우리가 적극적으로 활용하기에 정말 좋은 시간들이다.

 나 같이 의지가 약해서 분위기가 잡혀야 일손이 잡히는 사람에게는 특히 유용한 시간일 것이다. 물론 깊이 있는 지식을 얻기 위해서는 특정한 시간이 필요한 것이 사실이다. 그런 때는 자투리 시간들을 적절하게 통합해 하나의 시간대를 확보하는 것이 좋다. 하지만 우리의 현실이 그것을 쉽게 허용하지 않는다. 제대로 시간을 활용할 수 있는 의지력이 부족한 경우라면 틈새시간을 적절히 활용하는 것이 지혜로운 선택이다.

 이제 읽을 수 있는 시간이 많은 날들을 기대하거나 기다리지 말자. 틈나는 대로 읽고 쓰고 실행하도록 하자. 그런 시간들이 훨씬 생산적인 시간들이며 이런 활동들이 모여서 큰일의 바탕이 된다. 실제로 시간이 많은 날이 온다 하더라도 많은 책을 읽을 수는 없을 것이다. 우리에게 필요한 것은 시간이 아니라 책을 읽어야겠다는 필요와 의지이며 긴장이다.

언제부터인가 휴일에는 완전히 일손을 놓고 있다. 말 그대로 '휴일'이기 때문이다. 가족들과 대부분의 시간을 함께 보내는 휴일에 혼자 무엇인가를 하기 위해서 일을 '꾸미는' 것이 참으로 무용한 짓임을 경험으로 알게 되었다. 한때 휴일이면 악착같이 뭔가 해보려고 했지만 그럴수록 목표했던 바는 이루어지지 않고 가족들과 함께 하는 시간에도 집중하지 못했다. 이것도 아니고 저것도 아닌 어정쩡하게 보내는 시간이 많았다. 그때부터 아예 휴일에는 일손을 놓고 가족들에만 집중했다. 그랬더니 가족들과도 좋아졌고, 특히 아이들을 위해서 같이 할 수 있는 것들이 조금씩 보이기 시작했다. 휴일에 못하는 것들은 평일 짬짬이 하면 될 일이다.

세상 일이 이와 같다. 틈틈이 하는 일들이 모여 큰 규모가 되고, 남다른 성과로 드러난다. 일에는 간절함과 긴장, 그로 인한 집중력과 목표의식이 핵심이다. 이런 것들이 빠지면 일을 해도 능률이 오르지 않고 성과도 희미하다. 무슨 일을 하든 간절함을 지니고 스스로 적절한 긴장을 가지도록 해야 하는 이유가 이 때문이다.

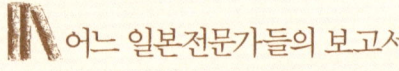 어느 일본전문가들의 보고서

:

90년대에 한국이 아시아의 용으로 부상하고 있을 때 두려움을 느낀 일본이 각계전문가 50명을 모아 한국이 과연 일본을 따라잡을 수 있을지 분석을 하고 오라는 지시를 내렸단다. 50명의 전문가가 석 달을 관찰하고 분석한 결과 '한국은 30년 내에는 절대 일본을 따라잡을 수 없다'는 결론을 내렸다. 많은 이유가 있지만 보고서에는 크게 중요한 세 가지 이유가 강조되었다고 한다.

>첫 번째, 한국 사람들은 자투리 시간을 이용하지 못한다.
>두 번째, 공중도덕의식이 없다.
>세 번째, 책을 읽지 않는다.

널리 알려진 바와 같이 일본 사람들은 손에서 책을 놓지 않는다. 이는 지하철을 타면 금방 안다. 모두 손에 읽을 것들을 들고 있다. 좁은 땅에서 많은 인구가 사니까 공중도덕 의식도 강하다. 공중도덕을 지키지 않으면 삶의 터전이 엉망이 된다는 것을 알고 있기 때문이다. 이런 이유로 일본인들은 자투리 시간을 활용하는 것이 습관이 되어 있다. 그런 사람들이 한국에 와서 지하철에서 졸고 있거나 멍하게 창밖을 바라보고 있는 광경을 보았으니, 이런 분석을 하는 것이 십분 이해가 간다. 특히 책을 읽지 않는다는 분석은 국가의 발전에서 아주 중요한 요소이기에 정확한 판단이라 생각된다.

생산적 책읽기 두 번째 이야기
— 읽고 정리하고 실천하기

책 읽는 습관 만들기 1

"오직 사랑하는 자만이 살아 있다고 말할 수 있다."
—톨스토이

책을 읽고 싶어 하는 사람은 많다. 길 가는 사람을 붙잡고 물어봐도 다들 책은 좋은 것이며 많이 읽으면 좋다고 말할 것이다. 하지만 정작 현실로 돌아와서 책을 꾸준히 읽고 있는 사람을 찾는다면 열에 한두 명 정도가 고작이다. 이유는 바로 책 읽는 습관을 만들지 못했기 때문이다.

사람은 습관의 동물이다. 사람이 하는 대부분의 일은 습관으로 이루어져 있다. 아침에 눈을 뜨면 음식을 먹고, 옷을 입고, 사람들에게 어떻게 인사를 하고, 어떤 방식으로 일을 하는지가 모두 습관에 의해 이루어진다. 때문에 어떤 습관을 가지느냐가 삶의 방향을 결정한다. 그래서 어릴 때부터 좋은 습관을 들이는 것이 중요한 것이다. 물론 어른들이라고 예외는 아니다.

책 읽는 습관을 만들기 위해서 가장 먼저 해야 할 일은 항상 책을 가지고 다니는 것이다. 사람은 가까이 하는 것과 친하게 되어 있다. 잘 모르는 사람이라도 자주 보다 보면 가까워져 금방 친해진다. 책과 친해지기 위해서도 항상 책을 가까이 두는 것이 좋다. 어디를 가든 책을 항상 가지고 다녀야 하는 것이다.

출근할 때는 무조건 책을 한 권 들고 집을 나서야 한다. 가방에 넣든 손에 들든 책을 가지지 않으면 집을 나서는 일이 없어야 한다. 이것이 습관이 되도록 해야 한다. 처음에는 읽던 읽지 않던 중요하지 않다. 그것이 겉멋 들린 것이라고 할지라도 책과 친해지는 데는 가까이 하는 것이 최선이다. 가방 속, 핸드백 속에 책을 넣는 일을 게을리 하지 말자.

습관이 되면 이상한 일이 일어난다. 손에 책이 들려 있지 않거나 가방에 책이 없으면 허전하게 느껴진다. 왠지 불안하고 뭔가 잊은 듯한 기분이 든다. 아침에 출근하면서 휴대폰을 집에 두고 왔다고 생각해보자. 대부분의 사람들은 어떤 불안을 경험한다. '왜 내가 그걸 두고 왔을까?'하고 자기를 질책하기도 한다. 전화가 걸려올 데도 별로 없으면서 마음만 불안하다. 이것이 습관이 되었다는 증거다. 휴대폰처럼 책도 가지고 다니는 것이 습관이 되어야 한다. 그래야 책과 친해질 수 있다.

나는 아이들이나 집안사람들이 책과 가까이 할 수 있도록 조금

애를 쓰는 편이다. 가까이 한다는 말은 물리적인 거리나 소유를 말하는 것은 물론이고 심리적인 면도 포함하는 것이다. 물리적인 노력은 책장을 거실로 옮기는 일이다. 현대인들의 주된 생활공간은 거실이다. 안방은 잠자고 옷 갈아입는 정도의 역할만 할 뿐이다. 때문에 거실에 무엇이 있느냐를 보면 그 집에서 주된 활동으로 무엇을 하는지 알 수 있다.

우리 집 거실에는 아이들의 책꽂이와 내가 사용하는 책장 그리고 작은 소파, 아이들이 그림을 그리거나 책을 읽을 수 있도록 만든 책상이 전부다. 이런 배치를 만드는 데, 많은 저항이 있었다. 아이들은 배치가 이상하다고 하고, 아내는 TV가 없어서 심심하다고 불만이었다. 하지만 그것도 잠시, 모두들 새로운 환경에 익숙해졌다. 아이들은 예전보다 책을 더 많이 보게 되었다. 아내는 TV를 보는 대신 가족들과 이야기하는 시간을 늘렸다. 사람의 생각이나 행동 패턴들은 많은 부분 환경에 의존함을 다시 한번 깨달았다.

요즘은 언제든 책을 들고 읽을 수 있도록 거실은 물론 안방, 작은방 심지어 화장실에까지 책을 갖다 둔다. 책이 가까이 있어야 쉽게 손에 잡히기 때문이다. 특히 화장실에서 읽는 책은 길게 이어지는 책들보다 단편적으로 끊어지는 내용들이 좋다는 생각이다. 화장실에 앉아있는 시간은 기껏해야 10분이니까.

책과 친해지는 심리적인 부분은 책을 마치 신주단지 모시듯 고이 간직하는 것이 아니라 이리저리 뒹굴게 한다는 것이다. 특히 아이들에게 이런 것들이 중요하다는 생각이다. 책을 마치 고려청자 다루듯 한다면 책과 친해지기 어렵다. 어릴 때부터 만지기도 하고, 던지기도 하고, 심지어는 찢기도 해야 한다. 그래야 종이의 촉감과 친해지면서 한 장씩 여러 장이 묶여 있는 책이라는 구조를 자연스럽게 받아들이게 된다. 책이 멀리 있는 어려운 존재가 아니라 가까이 있는 쉽고 친근한 존재라는 것을 자연스럽게 체득한다.

　가끔은 아이들에게 종이를 여러 장 붙여 자신의 책을 만들게 하는 것도 좋다. 거창하게 말해서 책이지만 사실은 A4용지를 여러 장 반으로 접어서 가운데를 풀로 붙인 조잡한 것이다. 하지만 아이들은 이 조잡한 책에 이름을 지어주고, 자신의 이름을 적어 넣으며 책에 직접 글을 쓰고 그림을 그렸다는 것에 매우 큰 만족과 보람을 느낀다. 아이들과 함께 만들어보면 알 수 있다. 함께 책을 만들고 '이것은 서현이 책이야'라고 말하면 얼마나 좋아하는지를. 이런 경험들은 책이 별것 아니며 자신도 책을 쓸 수 있다는 사실을 쉽게 받아들이도록 할 것이 분명하다.

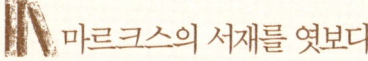 마르크스의 서재를 엿보다

:

마르크스 사위였던 폴 라파르그의 글을 모은 책 《게으를 권리》에는 마르크스의 독서와 서재를 엿볼 수 있는 글이 실려 있다.
"마르크스의 서재는 1층에 있었다. 공원이 내다보이는 넓은 창문을 통해 햇빛이 방안을 가득 비추었다. 창문 맞은편과 벽난로 양 옆의 벽에는 책이 빼곡하게 꽂힌 책장이 줄지어 서 있었고, 신문과 원고뭉치가 천장에 닿을 정도로 쌓여 있었다. 벽난로 맞은 편 창가에 놓인 두 개의 책상에는 갖가지 문서와 책과 신문이 쌓여 있었다. 방 한가운데 볕이 잘 드는 곳에는 작고 수수한 책상과 목제 팔걸이의자가 놓여 있었다.…. 그는 누구도 자신의 책이나 문서들을 정리하지 못하게 했다. 서재는 무질서하게 흐트러진 것처럼 보였지만 사실은 모든 것이 그의 의도대로 놓여 있어서 그는 필요한 것을 그때그때 쉽게 찾을 수 있었다. 대화 도중에도 잠시 멈추고 책을 펼쳐놓고 자신이 방금 말한 인용구나 수치를 짚어 보여주기도 했다." 마르크스의 서재를 엿보면 현대 사회에 가장 큰 영향을 미친 사상가의 소박함과 열정이 담긴 소중한 공간을 느낄 수 있다. 그에게는 이 서재야말로 가장 행복하고 가치 있는 공간이었다. 이곳이야말로 자신을 가장 잘 증명할 수 있는 곳이었다. 그는 그곳에서 자신이 누구인지 알았고, 비로소 무엇을 해야 하는지 눈떴으리라.
그보다 훨씬 넓은 공간을 소유한 우리들이 흔들리고 뒤뚱거리는 꼴을 보았다면 그가 뭐라고 했을까?

생산적 책읽기 두 번째 이야기
— 읽고 정리하고 실천하기

책 읽는 습관 만들기 2

> "인생은 매우 짧고 그 중에서도 조용한 시간은 얼마 안 된다.
> 그러므로 우리는 그 시간을 가치 없는 책을 읽는 데 낭비하지 말아야 한다."
> −J. 러스킨

친한 동료가 항상 책을 가지고 다니라는 이야기를 듣고, 무작정 따라 하기로 하고 가방에 언제나 책을 넣어 다녔다. 하지만 안타깝게도 여러 달 동안 같은 책만 들고 다녔지 읽을 기회를 얻지 못했다고 실패한 경험을 털어놓았다.

"얇은 책으로 바꿔."

그에게 그때 해주었던 말이다.

읽지도 않고 그냥 가지고 다닐 바에야 차라리 얇은 책을 가지고 다니는 편이 훨씬 낫다. 지금도 가방에 책을 의무감으로 넣어 다니며 '읽어야 하는데…….'하는 생각만 가진 사람들이 있을 것이다. 이런 경험 때문에 책을 읽는 습관을 만들기 위해서는 두 번째 노력이 필요하게 된다. 그것은 바로 자리에 앉으면 책부터 펴놓아야 한다는 것이다.

책과 친해지는 것과 읽는 것은 조금은 다른 문제다. 가지고 다니는 것은 약간의 노력만 하면 되지만 읽는 것은 많은 에너지를 소모하는 일이다. 가지고 있는 것과 읽는 것에는 제법 큰 장벽이 가로막고 있다.

읽는 습관을 들이기 위해서는 일단 책을 펼쳐야 한다. 책상 앞에 앉으면 가방 속 책을 꺼내서 펼치려는 노력이 필요하다. 사람의 신경은 가장 가까이 있는 곳, 가장 쉽게 손이 가는 곳에 집중되게 마련이다. TV를 오래 보는 사람들은 TV가 가까이 있기 때문이라고 말한다. 그리고 그 가까이 있도록 하는데 결정적인 기여를 한 것이 바로 리모콘이다. 리모콘이 없다면 TV를 그렇게 오랫동안 보고 있지는 않을 것이다. 인간은 손쉽게 할 수 있는 것을 좋아하는 게으른 동물이다.

책상 위에 책을 펼쳐 놓으면 쉽게 눈이 간다. 가까이 있기 때문이다. 책이 펼쳐져 있으니 자연히 눈이 간다. 그리고 조금씩 읽어가다 보면 자신도 모르게 몰입을 경험할 수 있게 된다. 버스 안에서도 지하철 안에서도 마찬가지다. 버스나 지하철에서 책을 읽는 비결은 책을 펴는 것이다. 펴야 읽힌다. 읽어야지 읽어야지 생각만 해서는 읽을 수 없다. 눈이 가게 하려면 펼쳐야 한다. 좁은 지하철이라고 간과하면 결코 읽을 수 없다.

책읽기는 순간순간의 노동이다. 회사에서 업무를 하는 와중에도 책은 펼쳐져 있어야 한다. 그래야 읽을 수 있고, 읽어야 일에 도움도 얻을 수 있다. 업무는 목적의식적 활동이다. 업무를 하면서 짬짬이 책을 읽으면 목적의식이 책에서 필요한 내용을 찾아낸다. 가끔 좋은 아이디어들도 떠오른다.

 최근 기업들이 독서를 권장하는 정책을 펴는 이유도 이것과 무관하지 않다. 이런 상황에서 아직도 업무시간에 책을 읽는데 눈치를 봐야 하는 회사가 있다면 그 회사는 앞날이 캄캄하다고 봐야 한다. 창의성이 생명인 지식기반 사회를 살아가면서 아직도 공장의 노동방식을 답습하고 있기 때문이다. 이런 회사는 미래가 없다.

 이 과정에서 세 번째 조건들을 만드는 노력에도 신경을 써야 한다. 그것은 읽기를 방해하는 요소들을 제거하는 것이다.

 여러 사람들과 책읽기에 대한 이야기를 하면서 얻게 된 결론 중 하나는 사람이 책을 읽지 못하는 가장 큰 이유는 '게으름' 때문이라는 것이다. 책을 읽지 못하는 원인은 습관이 되어 있지 않기 때문이다. 습관을 만들기 위해서는 게으름과 싸워 이겨야 한다. 게으름이라는 습관을 밀어내고, 새로운 습관으로 대체해야 하는 것이다. 이 과정에서 게으름을 극복하는데 중요한 방해꾼을 만나게 된다. 게으름이 책을 읽지 못하는 내부 원인이라면 이것은 외부 원인이라고 할 수 있다.

 그것은 바로 'TV(혹은 인터넷)'라는 물건이다. 이 물건은 게으르고 싶은 인간의 본능을 유혹한다. 책을 읽는 고된 행동 대신 눈만 뜨고 있으면 유희를 즐길 수 있다고 꼬드긴다. 이런 유혹은 너무 강력해서 대부분의 사람들은 쉽게 무너진다.

혼자 거실에 앉아 있다고 가정을 해보자. 내 눈앞에는 TV리모콘과 책 한 권이 놓여 있다. 어느 것을 잡겠는가? 당연히 리모콘으로 손이 간다. 게으름이라는 본능이 힘을 발휘하는 탓이다. 우리 마음속에 있는 게으름과 TV를 제거하지 못하는 한 책 읽는 습관을 만드는 일이나 책 읽는 가정을 가꾸는 일은 실패할 것이 자명하다. 적이 누구인지 알아야 적과 싸울 수 있듯이 독서습관을 방해하는 것이 무엇인지 알아야 독소를 제거할 수 있다.

독서습관에서 재미있는 것은 내적인 요소를 강화하는 일보다 외적인 요소를 제거하는 일이 훨씬 쉽고 효과도 좋다는 점이다. 자신의 게으름과 싸워서 이기려는 노력보다 집안에서 TV를 제거하고, 인터넷을 추방하는 것이 책과 친해지는 비결이라는 말이다. TV나 인터넷이 있으면 아무리 의지가 강해도 꾸준히 책을 읽기가 어렵다. 분위기 자체가 그쪽으로 흘러가버린다. 가족들이 모두 강한 독서열을 가지고 있는 것도 아니어서 한두 명만 TV나 인터넷에 몰입해도 다른 사람의 독서열은 반감되고 만다. 때문에 TV와 인터넷을 제거하는 것이 가장 급선무라는 생각이다.

TV를 집안에서 몰아내기가 쉽지 않다면 안방으로라도 쫓아내야 한다. 그러면 시도 때도 없이 TV를 보는 일이 줄어들 것이고, 잠들 때 잠깐 보거나 꼭 필요한 프로그램만 보게 될 것이다. TV를 몰아내는 것이 가장 좋은 방법이지만 여의치 않을 경우 이런 차선책도 도모해볼 필요가 있다.

  처음 TV가 거실에서 사라지면 가족들이 약간 불안해한다. 담배를 끊은 사람에게 생기는 금단현상 같은 것이 찾아온다. 무엇을 해야 할지 모르는 상황이 계속되고, 이리저리 배회하기를 반복한다. 여기서 물러서면 안 된다. 나른하고 따분한 며칠이 반복되다 보면 자연스럽게 가족들은 이 시간에 무엇을 할 수 있는지 스스로 찾아낼 것이다. 그러면 비로소 텅 빈 시간은 채워진다. 우리의 존재방식을 결정해주던 익숙한 것이 사라지면 비로소 자유로운 시공간을 스스로 채울 수 있게 되며, 그때 목적의식적인 책읽기가 가능해진다.

인터넷 스미스 요원 없애기

:

인터넷은 현대사회의 중요한 핵심도구다. 초등학생만 되면 아이들 과제를 인터넷으로 받고, 제출도 인터넷으로 해야 한다. 회사에서 급하게 필요로 하는 중요한 정보나 자료가 있다면 집에서 인터넷으로 보낼 수 있어야 한다. 자기 블로그를 관리하자면 인터넷이 없으면 불가능하다. 이런 판국에 인터넷을 없애라니 무슨 시대에 뒤떨어지는 소리를 하느냐는 분들도 있을 것이다.

현명한 사람이라면 주와 객이 전도되어서는 안 된다는 것을 알 것이다. 인터넷은 효과적인 도구이기는 하지만 그 자체가 목적이 되어서는 안 된다. 집안에 인터넷이 설치되면 그것은 곧 주인행세를 하려 한다. 집안의 우선순위를 그것이 결정하고 나의 여가시간, 가족과 함께 하는 시공간을 장악해 가족을 몰아내고 주인 자리로 나선다. 내가 주인이 아니라 인터넷이 주인인 '매트릭스'의 세계가 펼쳐진다. 인터넷은 인간의 습관적인 갈망을 이용하여 자신의 가치를 더욱 상승시키면서 인간을 객체로 전락시킨다. 마치 매트릭스의 '스미스 요원'처럼 인간을 통제하고 관리하고 심지어 죽이기도 한다.

요즘 사람들은 지식과 정보를 전달하는 방법은 알고 있다. 하지만 지식과 정보를 얻는 방법은 모른다. 그것은 책을 통해서 가능하다. 지식전달자의 위치에 만족할 것인지 지식생산자의 자리에 오를 것인지 결단이 필요한 때다.

생산적 책읽기 두 번째 이야기 — 읽고 정리하고 실천하기

책 읽는 습관 만들기 3

"웅대한 시를 제작하려는 자는 그 생활을 웅대한 시로 만들어야 한다."
-밀턴

사람의 의지는 시간이 지나면 약해진다. 강한 의지로 책을 읽어가던 사람도 시간이 지나면 점점 책에서 멀어지곤 한다. 까닭에 습관이 될 때까지 의지를 계속 키워나가는 것이 중요하다. 책을 읽는 의지가 약해질 때 그 의지를 되살려주는 좋은 방법 하나가 있다. 그것은 바로 서점을 찾아가는 것이다.

서점에 가면 눈이 튀어나올 만큼 많은 책들이 끝도 없이 펼쳐지는 장면을 목격하게 된다. 그리고 자신이 좋아하는 분야에 엄청나게 많은 새 책들이 쏟아져 나와 있다는 사실에 놀라게 된다. 이렇게 펼쳐진 책들을 둘러보면 읽기를 게을리해서는 안 되겠다는 결심이 저절로 생긴다. 특히 바닥에 주저앉아 열심히 탐독에 빠져 있는 사람들을 볼라치면 나는 뭐하고 있었나 하는 자괴감마저 생긴다. 그들의 독서열이 나에게도 전염되는 것이다.

서점과 가까이 사는 사람이 있다면 참으로 복 받은 사람이다. 하지만 의외로 서점이 가까이 있음에도 불구하고 서점에 자주 가지 않는 사람들이 많다. 아마도 가까이 있다는 이유가 소중한 서점의 가치를 가려버렸기 때문일 것이다. 직장에 일찍 출근하는 사람은 대부분 집이 멀리 떨어진 사람들이고, 멀리 떨어진 서점을 찾아가는 사람은 서점의 가치를 아는 사람들이다. 멀리 떨어져 있음이 우리의 의식을 깨어 있도록 한다.

얼마 전, 천안에 살고 있는 한 고등학생으로부터 메일을 받은 적이 있다. 책 읽는 것을 좋아해서 매주 두 권 정도의 책을 보고 있으며, 토요일마다 KTX를 타고 서울에 간다고 했다. 이유는 서점에 가기 위해서란다. 서점이야 천안에도 있지만 굳이 서울까지 가는 이유는 대형서점에 가서 진열된 많은 책을 보면 열심히 읽고 싶다는 생각이 들고 뭔가 알 수 없는 희열을 느낄 수 있기 때문이라고 한다. 아마도 책을 사기 위해 멀리까지 이동하는 그 노력이 서점에서의 경험을 더욱 풍성하고 가치 있게 느끼도록 했을 것이다.

서점이 멀어 자주 가기가 쉽지 않은 사람들에게는 도서관을 권하고 싶다. 우리나라에 도서관이 부족하다고 말하는 사람들이 참으로 많다. 하지만 실제로 도서관에 가보면 사람들이 부족하다고 말하는 것이 도서관이 아니라 독서실이라는 사실을 발견하게 된다. 도서관은 지금 책을 빌려서 읽거나 자료를 찾는 공간이 아니라 시험과 취업을 위해 공부하는 독서실로 이미 변해버렸다.

책을 빌리는 공간이나 자료를 찾는 공간은 아주 한산하다. 모두 시험공부에만 열을 올렸지 책 읽는 데는 의욕이 없다. 시험 잘 치는 것이 배부르게 먹고 사는 최선의 길이라고 착각하기 때문일 것이다. 자신 속에 잠재된 능력을 꺼내지 못하는 한, 배부르게 먹는 것도 일시적인 만족으로 끝날 것이 분명하다. 그나마 다행인 것은 아이들이 책을 읽을 수 있도록 마련된 공간에는 사람들이 제법 있다는 사실이다. 대부분 부모와 아이들이 함께 온 경우들이다.

도서관에서 아이들은 책과 어울리며 친구도 사귀고, 책의 세계로 자연스럽게 이끌려 들어간다. 휴식과 충전이라는 삶의 중요한 요소를 제공하는 것이 주말이다. 이런 주말을 꽉 막힌 도로에서 짜증내며 보낼 것이 아니라 수많은 책이 있는 책의 궁전인 도서관에서 보내는 것이 훨씬 알차고 훌륭하다고 믿는다.

도서관에서의 경험은 평일 책과 가까이 갈 수 있는 기회가 적은 성인들에게 책에 몰입할 수 있는 기회를 주는 동시에 다시금 독서에 대한 의지를 심어준다. 약해졌던 의지는 새로운 책을 보거나 책에 몰입하는 주변 사람들을 관찰함으로써 다시 되돌아온다. 우리는 보는 것, 듣는 것, 읽는 것, 경험하는 것으로 만들어진다.

독서열이 식고 책읽기의 의지가 약해지는 것은 독서에 처음 입문하려는 사람들이 공통적으로 느끼는 경험이다. 독서가 좋다는 말은 들었지만 막상 시작해보니 쉽지가 않다는 것을 실감한다.

그러다가 한두 권 이리저리 뒤적여보다가 '나하고는 맞지 않아'라는 짧은 결론을 내리고 그만둔다. 이런 입문과 퇴출은 반복된다.

책읽기에 습관을 붙이겠다는 생각을 하는 사람들은 한두 권 읽어보고 뭔가를 판단하는 일은 삼가야 한다. 읽다가 아니다 싶어서 책장에 그냥 꽂아두는 책은 누구나 있다. 아니, 아주 많다. 처음 책에 재미를 붙일 때는 자신에게 잘 맞는 책을 고르는 것이 중요하다. 하지만 그런 안목을 갖추기는 아주 어려운 일이다. 때문에 처음에는 책 고르기에 실패할 각오가 되어 있어야 한다. 읽어보고 아니다 싶으면 그냥 꽂아두고 새로운 책을 다시 잡아야 한다. 그것도 아니면 또 그냥 꽂아두면 된다. 이런 시도들을 반복하다 보면 어느날 '이거 괜찮은데!'라는 탄식이 나오는 책을 만나게 된다. 마치 메마른 사막에서 샘을 발견한 것 같은 이 경험은 책에 대한 긍정적 경험에 가치를 부여하고 자신감도 강화한다. 덕분에 자신도 책을 읽을 수 있고 책을 좋아한다는 자긍심에 휩싸일 수 있다. 자기가 자기를 좋아할 수 있게 되는 것이다.

한번의 긍정적인 경험, 이 경험이야말로 참으로 값진 독서 경험이며 습관의 시작이다. 많은 실수와 실패를 반복하지만 단 하나의 희망이 우리를 이끌고 가듯이 많은 독서의 실패 경험 속에서도 한번의 독파 경험이 책을 아끼고 사랑할 수 있는 존재로 만들고, 책을 계속 읽어낼 수 있게 만든다. 이런 극적인 경험은 내가 책과 어울리지 못하는 존재가 아니라 그동안 내가 골랐던 책들이 나와 어울리지 않는 것이었다는 사실을 깨닫게 해준다. 이런 경험이 없다면 어떻게 많은 책들을 읽어낼 것이며 험난한 삶의 길을 계속 갈 수 있겠는가. 현명한 독서가는 작은 선택의 실패에 연연해하지 않고, 자신이 찾는 광맥이 뚫릴 때까지 곡괭이를 놓지 않는 법이다.

어떤 책들은 완전히 몰입되어서 읽히지는 않지만 꼭 읽어야만 하는 책들이 있다. 업무상 도움을 얻어야 하는 일이거나 뭔가 있을 것 같다는 느낌이 드는 책들이 그런 것들이다. 어떤 소설가의 말처럼 즐거움 때문에 읽어야 하는 책이 있고, 일 때문에 읽어야 하는 책도 있는 것이다. 이런 책들을 읽을 때는 약간의 의무감이 도움이 되기도 한다. 그 의무감을 만드는 최선의 방법은 바로 기한을 정하는 것이다.

모든 목표에는 기한이라는 것이 있다. 기한이 없으면 목표가 제대로 기능하지 못한다. '언제까지'라는 기한이 없다면 사람은 아무런 행동도 하지 않는다. 기한이 없으면 내일 해도 되고 다음날 해도 된다. 그래서 모든 목표에는 기한이 생명인 것이다.

책읽기에도 이런 기한을 정하는 것은 의무감을 강화시켜 책을 읽는데 도움이 된다. 언제까지 읽겠다고 자기와 약속을 하고 기한을 정한다. 일단 기한을 정하면 심리적 압박이 생긴다. 그 약속을 지키기 위해서 오늘은 어느 정도까지 읽어야 하는지 판단도 생긴다. 판단이 생기니 실천으로 옮길 가능성도 높아진다.

책을 읽을 때 의지가 약한 사람들은 의도적으로 기한을 정해보는 것이 좋다. 물론 그런 의식적인 시도가 자발적인 독서의 열정을 축소시키지 않도록 자신을 긍정적으로 만드는 노력도 게을리해서는 안 된다.

  주기적으로 특정 분야의 책을 수십 권 골라서 읽는 방법을 사용하는 나에게 이렇게 기한을 정하는 것은 큰 도움을 준다. 몇 달 간격으로 특정분야를 공부해야겠다는 생각으로 수십 권의 책을 사들이고 읽기를 시작하다 보면 금세 열정이 식거나 에너지가 누수됨을 느낀다. 이때 계획을 다시 점검하고, 기한을 정해보는 일은 공부를 계속 밀고 갈 수 있도록 돕는 것은 물론 무사히 성공적으로 프로젝트를 마무리하게 만든다. 의지가 약할 때는 읽을 수밖에 없는 환경을 만드는 것도 현명한 방법인 것이다.

나만의 책 읽는 습관 만들기

1. 항상 책을 가지고 다닌다.
2. 자리에 앉으면 책을 편다.
3. 주기적으로 서점이나 도서관에 간다.
4. 다 읽지 못한 책이 있어도 꽂아두고 새 책을 산다.
5. 기한을 정한다.
6. TV와 인터넷을 없앤다.

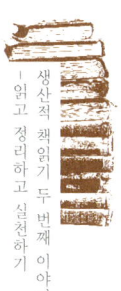

생산적 책 읽기 두 번째 이야기
- 읽고 정리하고 실천하기

세 가지 색깔 세 가지 마음
-자기계발, 문학, 철학

> "단지 정부를 지지하는 자만을 위한 자유,
> 단지 당원만을 위한 자유는 당원의 수가 아무리 많다고 하더라도 전혀 자유가
> 아니다. 자유는 언제나 그리고 전적으로 다르게 생각하는 자들의 자유다."
> —로자 룩셈부르크

수도승 한 명이 도력이 높다는 스님을 찾아와 고민을 털어놓았다.

"스님, 요즘 마음이 너무 심란하고 힘들어요. 어떻게 하면 이 마음을 바로잡을 수 있을까요?"

듣고 있던 스님이 대답했다.

"그럼 그 마음을 보여줘. 그럼 내가 바로 잡아줄게."

"……"

선불교에서는 널리 알려진 이야기이지만 이 이야기를 두고 해설이 분분하다. 우스개 농담이라 평가하는 사람도 있고, 마음은 헛것임을 암시하는 대화라고 설명하는 사람도 있다. 이런 이야기들은 읽는 사람에 따라서 내용이 다르게 느껴지고, 이야기를 이해하는 수준도 달라진다. 깨달음의 차이 때문일까?

사람은 모두 개성을 가지고 있다. 이 개성으로 인해 책을 읽을 때도 좋아하는 분야 싫어하는 분야가 생긴다. 자기계발 분야를 좋아하는 사람, 문학을 좋아하는 사람, 철학이나 심리학을 좋아하는 사람 등 분야별로 좋아하는 것이 따로 정해진다. 이상하게도 한 분야를 좋아하게 되면 다른 분야의 책들이 손에 잘 잡히지 않는다. 게다가 자기가 관심이 없는 분야의 책을 읽는 사람이라도 만나면 '이상한' 시각으로 쳐다본다.

'요즘 시대에 소설이나 읽고 있으니 발전이 없지' '먹고 살기에 바빠서 마음의 양식에는 전혀 관심도 없는 사람이군'

이런 생각들로 서로의 관심사를 폄하하기도 한다. 하지만 마음 한쪽 구석에는 나도 저런 책 한두 권은 읽어봐야 하는 게 아닌가 하는 야릇한 마음도 남아 있다.

책에 처음 재미를 붙이고 습관을 들일 때는 자신이 좋아하는 분야의 책을 주로 읽는 것이 좋다. 하지만 삶의 깊이를 더하는 책읽기를 위해서는 여러 분야를 접해보는 것이 필요하다. 다른 분야의 책들을 읽게 되면 한 사물이나 사건에 대한 다양한 시각들을 만날 수 있기 때문이다. 좋은 독서가라면 자기계발, 문학, 철학 등의 분야들이 가지고 있는 독특한 특성들을 이해할 필요도 있다. 그래야 분야의 한계에 빠지지 않고 폭넓은 사고를 할 수 있다.

"요즘 마음이 너무 심란하고 힘들어요? 어떻게 하면 이 마음을 바로 잡을 수 있을까요?"

　이런 질문을 받았다면 자기계발서에서는 이렇게 대답할 것이다.

　"그건 의지력이 약해진 탓입니다. 의지력을 강화하려면 비전을 세우고 미션을 가지세요. 자신의 비전이 실현되는 장면을 생생하게 머릿속에서 그려보세요. 그런 기분을 자주 느끼도록 하고 구체적인 목표와 계획을 세우고 실천하세요. 계획을 세우는 방법은……."

　이것이 자기계발 분야의 책들이 대답하는 방식이다.

　같은 질문에 대해 문학에서는 어떻게 대답할까?

　"그냥 힘들어 해. 누구나 그런 때가 있는 법이야. 나한테 기대렴. 아무 말하지 말고. 아프면 아픈 대로 내버려둬. 아무 일도 일어나지 않을 거야."

　"좋아, 오늘은 내가 소주 한잔 살 게. 가자."

　이것이 문학의 방식이다.

　철학은 어떤 대답을 내 놓을까?

　"너의 마음을 보여줘. 그러면 바로 잡아줄게."

　"마음이란 헛것이야. 그 마음을 버려. 아니 버리겠다는 생각 자체를 버려. 자신을 들여다보고 자신이 누군지 알아봐."

　"마음이란 무엇일까 스스로에게 물어봐."

　이런 대답들이 철학의 방식이다.

　이처럼 책의 분야에 따라서 같은 질문에 답하는 방식은 다르다. 자기계발은 현실적인 성장과 자기개선을 위한 기술적인 부분을 다룬다. 문학은 작은 일들과 일상, 캐릭터를 통해 삶을 느끼고, 다양한 의미를 발견하도록 돕는다. 철학은 '왜?'라는 근본적인 질문을 통해 삶 자체에 접근을 시도한다.

'게으름'이라는 주제를 자기계발에서 다룬다면 게으름은 물리쳐야 할 적이 된다. 때문에 게으름을 극복하는 방법에 대한 내용들이 쏟아진다. 목표와 계획을 세우고 의지의 칼날을 세우는 법에 대해서 알려 주려 한다. 반면 문학에서 게으름을 보는 방식은 전혀 다르다. '오늘 할 일을 내일로 미뤄보지 않은 사람은 인생의 참맛을 모르는 사람이다'처럼 문학에서는 게으름을 삶의 한 형태로 인정하고 그것을 받아들인다. 좋고 나쁘다는 평가는 사라지고 묘사하고 이해되어야 하는 무엇이 된다. 철학에서 게으름을 다룬다면 이런 질문이 나올 것이다. '왜 오늘 할 일을 내일로 미뤄야 하나?' '인간은 본래 게으른 존재인가?'

분야별로 각각의 책들은 사물과 세상을 바라보는 다른 관점을 가지고 있다. 때문에 자기계발책만 읽으면 모든 것을 개선과 발전이라는 방식으로만 이해하게 된다. 문학책만 읽으면 느끼고 감동하는 것으로만 생각하게 된다. 철학책만 읽으면 삶의 커다란 질문들에 직면하고 싶은 마음이 커진다. 이렇게 한 분야에만 집중해서 책을 읽게 되면 세상의 여러 측면들을 동시에 볼 수 없게 된다. 때문에 생각하는 방향도 한 방향이 된다.

하나의 관점에 편중되지 않고, 사물과 사건 세상의 고른 면을 보기 위해서는 다양한 분야의 책을 접하는 것이 필요하다. 다양한 분야를 읽을 기회가 없다면 한 권의 책을 읽을 때 그 분야에 너무 치우치지 말고 다양한 분야의 관점에서 읽어보려는 노력을 아끼지 말아야 한다. 자기계발 서적을 읽더라도 문학과 철학적인 관점에서 읽을 수 있을 때 책을 이해하는 폭이 넓어지고, 저자의 주장에만 빠지는 오류에서 벗어날 수 있다.

게으름만 보더라도 자기계발책에서는 퇴치하고 극복해야 할 대상으로 보지만 문학에서는 인물의 특성을 나타내는 방식 중 하나로 본다. 문학에서의 그것은 좋고 나쁜 어떤 것이 아니다. 그냥 사람의 특성일 뿐이다. 문학은 게으름도 유익할 수 있고, 멋있을 수 있다는 점을 보여준다. 덕분에 문학을 통해 우리는 게으름을 받아들이고, 게으른 자신과 화해할 수 있게 된다. 철학을 통해서는 게으름이 인간이 가진 특성이며, 그것을 통해 삶을 더 깊이 이해할 수 있게 된다.

자기 생각을 만들어가고 지혜를 더하려는 독서가라면 이런 다양한 관점에서 책을 보려는 시도를 멈춰서는 안 된다. 우리의 눈과 생각이 우리의 한계를 만든다. 그 한계를 넘어서는 길은 여러 가지 시각으로 현실을 보고 새로운 눈과 생각을 얻는 방법뿐이다. 문학이 싫었던 사람도 문학책을 읽어보자. 처음엔 낯설지만 곧 좋아지게 된다. 자기계발은 질색이라 외면하지 말고, 자기 삶의 행복한 변화를 꿈꾸며 미래지향적인 책도 읽어보자. 해야 할 것이 눈에 보이고 주먹에 힘이 들어가기 시작할 것이다.

이 세상에 있는 책은 모두 좋다

자기계발책은 인생을 발전시킨다.
문학책은 인생을 느끼게 해준다.
철학책은 인생이 무엇인지 알려준다.
역사책은 인생의 흐름을 알려준다.
심리책은 인생의 주인인 마음을 알게 한다.
사회책은 인생이 다른 사람과 함께 하는 것임을 알려준다.
음악책은 인생을 노래하게 한다.
미술책은 인생을 그리게 한다.
예술책은 인생의 아름다움을 알려준다.
이러하니 책에 어떻게 감동하지 않을 수 있겠는가!

생산적 책읽기 두 번째 이야기
— 읽고 정리하고 실천하기

배움은 존중과 비례한다

"지식의 처음이자 마지막 원칙은 열광적 찬미이다."
-윌리엄 블레이크

"아이고 안 박사님, 오래간만에 뵙겠습니다."

만날 때면 항상 '안 박사님'이라고 꼬박꼬박 '박사' 호칭을 붙이는 분이 있다. 물론 나는 박사학위가 없다. 박사라는 이야기를 들어야 할 만큼 지식이 풍부한 것도 아니고, 사회적 자격이나 조건을 충족한 것도 아니다. 그런데도 그분은 항상 나에게 박사 호칭을 붙인다. 게다가 그분은 나이도 나보다 훨씬 많다. 무려 열 살도 넘게.

이 정도라면 박사라는 이야기를 듣는 사람이 부담스럽기 마련이다. 어느 날 부담스럽기도 하고 난처하기도 해서 박사라고 부르지 말고 그냥 편한 호칭으로 불러달라고 했다. 그분의 말은 이랬다.

"그건 안 될 말씀이에요. 내가 안 박사님이라고 부르는 건 안 박사님한테 배우기 위해서예요. 그런데 내가 안 박사님이라고 부르지 않고 편하게 대하기 시작하면 내가 배우려는 마음이 사라지게 되요. 상대방을 높게 인정해줘야 배울 수 있는데, 낮게 취급하면 배울 것이 있어도 지나치게 됩니다. 그러니 앞으로 그런 말씀은 하지 마세요."

그분의 말씀을 통해 큰 깨달음을 얻게 되었다. 사람은 상대방을 존중하는 만큼 배울 수 있다는 것이다. 내가 상대방을 높게 평가하는 만큼 상대방으로부터 배울 수 있다. 내가 높게 평가하는 만큼 상대방도 가르쳐 줄 수 있기 때문이다.

책에서 무엇인가를 배울 때에도 마찬가지이다. 책을 너무 만만하게 본다든지 깔보게 되면 배울 것이 있어도 별로 중요하지 않다는 듯이 흘려버리게 된다. 저자에 대해서 배우려는 마음을 가지고 있지 않은 책읽기는 형식적인 정보획득 외에는 별로 얻는 게 없을 것이 분명하다. 자신감을 갖고 책을 대하되 존중하는 마음은 지켜야 한다.

책을 읽을 때 책에 대한 경외심을 가지고 무엇인가를 제대로 배워보겠다는 결연한 의지를 가지고 덤벼들어야 한다. '이 책에는 내가 배울 수 있는 것들이 많이 있으니 열심히 해보자'는 결심이 필요하다. 설령 책의 내용이 형편없는 것이라 할지라도 일단 시작하는 입장에서는 그래서는 안 된다. 실망은 나중에 해도 늦지 않다. 그래야 실망스러운 책 속에서도 무엇인가 배울 것을 얻어낼 수 있다.

이제 결심을 하고 책상 앞에 앉자. 의자를 앞으로 바짝 당기고 허리를 곧게 펴자. 가급적이면 펜이나 형광펜도 손에 쥐도록 하자. 책을 읽을 때의 자세는 책에 대한 의지의 표현이다. 뭔가 배울 때는 적극적인 배움의 자세가 필요하다.

천천히 한 글자씩 또박또박 읽어가면서 의미를 파악해보자. 제대로 의미를 파악하려면 적당한 속도를 유지해야 한다. 너무 천천히 읽으면 지루해진다. 너무 빨리 읽으면 의미 파악이 제대로 안 된다. 자기만의 적절한 속도를 유지하면서 감을 잡아보자. 한참 읽어가다 보면 어느새 자세가 기우뚱해져 있거나 허리가 의자에 기대어진 채 반쯤 드러누운 자세가 되어 있음을 발견하게 될 것이다. 다시 허리를 바로 세우고, 펜을 잡으며 적극적으로 달려들어 보자. 이런 긴장과 이완을 반복하는 동안 이미 책은 제법 많은 페이지가 넘어가고 있을 것이다. 삶이란 쓰러지는 자세를 곧 추세우는 반복된 결의의 장이다. 쓰러지는 것은 중요하지 않다. 다시 세우는 것, 그것이 중요하다. 누구나 쓰러지지만 누구나 일어나지는 않는다.

사람은 나이가 들면 사물에 대한 감각이 무뎌지기 마련이다. 감각이 무뎌진다는 것은 실제로 오감이 떨어지는 경우도 포함되지만 대부분의 경우 무관심이 증대되기 때문에 생기는 현상이다. 나이가 들어도 뛰어난 감각으로 현실적인 문제들의 핵심들을 잘 짚어내는 사람들은 얼마든지 있다. 이는 나이의 문제라기보다는 정신적 관심의 에너지 문제라고 하는 편이 더 정확할 것 같다. 현대인들의 노화는 육체의 문제가 아니라 정신의 문제인 것이다.

 좋은 이야기를 들어도 별 감흥이 없고, 훌륭한 인물을 만나도 그러려니 싶다. 좋은 시를 만나도 좋은 줄 모르고, 지금까지 자신을 지켜주고 도와준 가족들을 보아도 무덤덤할 뿐이다. 이것이 정신적 노화가 아니고 무엇일까? 살아도 사는 게 아니고, 죽어도 아쉬울 것이 없는 그저 멍한 상태다. 무릇 살아 있는 사람은 죽음이 아쉬워야 한다. '그래도 아직 할 게 남았는데'하는 생각이 들어야 제대로 살고 있는 것이다. 살아도 그만 죽어도 그만이면 살 이유가 없다.

 요즘 이런 정신적 노화를 겪고 있는 사람들이 너무 많다. 아름다운 사람을 만나도 아름다운 줄 모르고, 고마운 행동을 해도 고마운 줄 모른다. 그날이 그날이고 내일이 오늘이다. 이러니 책을 읽어서 무엇을 얻는다 한들 그것이 어떻게 자신을 개선해주고 일으켜 줄까. 무릇 배우는 사람이란 정신적으로 맑고 건강해서 항상 자신의 마음에 새로운 물이 흐를 수 있도록 준비를 다하고 있는 사람을 말한다. 때문에 배우는 사람은 정신적 노화를 겪지 않고 항상 새로운 지식과 생각으로 자신을 건강하고 튼튼하게 만들어갈 수 있는 것이다.

 가끔 책장을 훑어보면서 예전에 마음속에 감동의 물결을 불러일으켰던 책들을 꺼내보곤 한다. 책을 읽기 위해서가 아니라 책을 느끼기 위해서다. 표지를 둘러보고, 책의 이곳저곳을 만져 보며 책장을 넘겨본다. 오래 전 기억들이 되살아나고 잔잔한 여운

이 밀려온다. 그리고 그때의 그 감동이 지금의 나를 만들어왔음을 깨닫고 미소를 지으며 조용히 책을 덮는다.

이런 느낌을 어떻게 표현해야 할까? 글로 표현할 수 없는 것이 이런 기분일 것이다. 책은 이렇게 정신적 노화를 막아주고 삶을 튼튼하게 버틸 수 있도록 두 발이 되어 버텨주고 있었다. 이 고마움을 어떻게 갚아야 할까? 열광적으로 찬미하는 것 외에는 따로 할 것이 없는 가난이 아쉬울 뿐이다.

위험과 재미가 뒹구는단절의 시대'

:
피터 드러커는 이미 오래 전에 단절의 시대를 주장했다. 예전의 시대는 변화가 눈에 보이는 연속적인 변화의 시대였다. 하지만 지금은 단절적인 변화가 일상화되었다. 혁명과 혁명 사이에는 긴 시간 간격이 있는 것이 보통이지만 요즘은 그렇지만도 않다. 언제 어떤 변화가 찾아올지 예측하기도 어렵고, 기간도 일정치 않다. 때문에 현재를 불확실성의 시대라고 했던 것이다.

이런 시대는 위험한 시대이기도 하지만 재미있는 시대이기도 하다. 잘 나가던 거대 기업이 하루아침에 부도가 나기도 하고, 두바이 같은 촉망 받던 대도시가 몰락이라는 위험에 처하기도 한다. 반면 그 반대로 예상치 못한 곳에서 부흥을 이루는 기업과 개인들도 속출하는 것이 지금이다. 그래서인지 보수적인 입장에서는 몸조심하라는 신호를 보낸다. 진보적인 사람들은 끊임없이 움직이라는 신호를 보낸다. 덕분에 우리는 움츠려야 할지 뛰쳐나가야 할지 의사결정에 어려움을 느낀다.

이런 시대일수록 책은 자신의 중심을 잡는데 좋은 역할을 해줄 것이라 믿는다. 제대로 판단을 하기 위해서는 많은 정보가 필요한 것이 아니라 좋은 정보가 필요하다. 책은 많은 정보를 가르쳐 주기도 하지만 무엇보다 좋은 정보가 어떤 것인지를 구별하는 힘을 키워주기 때문이다.

생산적 책읽기 두 번째 이야기
—읽고 정리하고 실천하기

'창의성의 명당자리를 찾자

"우리들은 학교에서 배우는 것이 아니라 인생에서 배운다."
−세네카

프린스톤 대학교의 쥴리안 제임스 교수에 의하면 가장 위대한 발견은 주로 3B에서 잘 일어난다고 한다. 여기서 3B란 Bathroom, Bedroom, Bus를 말한다. 위대한 과학자나 수학자들은 욕실이나 침실, 버스 안에서 자신을 위대하게 만든 발견을 했다. 아르키메데스가 욕실에서 유레카를 외쳤던 것을 떠올려보면 충분히 이해가 간다. 실제로 글로벌 기업 구글(google)에서 인재를 영입할 때 '나는 샤워할 때 좋은 생각이 많이 떠오른다'는 말을 듣고 사무실 내에 한 사람만을 위한 샤워실을 설치했다는 이야기가 있을 정도다.

실제로 내가 쓴 글들의 대부분은 버스나 지하철 같은 곳에서 떠오른 영감들을 정리한 것들이 대부분임을 밝히는 것이 도움이 될 듯하다. 글을 써야지 결심을 하고 책상 앞에 앉아 있으면 의외로 글이 잘 떠오르지 않을 때가 많다. 오히려 버스를 타고 이동할 때와 같이 이런저런 생각들이 이리저리 흩어지고 모이기를 반복하는 때 좋은 생각들이 많이 떠오른다. 그때 기록해 두었던 메모를 시간이 날 때마다 글로 구체화시키는 것이 내가 책을 쓰는 방식이다.

중국에서는 이른바 '창의성의 명당자리'라는 것이 있다. 첫 번째는 측상, 즉 화장실이다. 두 번째는 침상으로 이부자리다. 세 번째는 안상으로 말안장이다. 쥴리안 제임스 교수의 3B와 완전히 일치한다. 동양의 화장실이 곧 서양의 욕실이고, 말안장은 곧 지금의 버스가 된다.

왜 하필 욕실, 침실, 버스 안일까? 사무실이나 극장, 자동차 안은 안 될까? 물론 안 될 것은 없다. 단지 욕실, 침실, 버스 안에서 더 좋은 생각이 많이 떠오를 뿐이다. 이 세 곳은 공통점이 있다. 사람의 기본적인 욕구인 씻고, 잠자고, 이동하는 것을 해결하는 것이라는 점에서 그렇다. 이보다 더 중요한 점은 그곳에서 우리가 하는 행동적 특성에 있을 듯하다.

샤워를 하거나 볼일을 볼 때 우리는 그 일에 완전히 몰입하는 것이 아니라 습관화된 방식에 따라 자동적으로 행한다. 샤워를 하면서 '등은 열 번을 밀고, 머리는 이렇게 감고, 비누칠은 세 번을 하자'는 식으로 결정하고 행동하는 것이 아니다. 그냥 평소에

하던 방식대로 자동적으로 이루어진다. 똥을 누는 일도 마찬가지이며, 잠을 자는 것도 마찬가지다. 아랫배에 힘의 강도는 최고로 하고, 세 번 힘을 주자거나, 잠들면서 오늘 공부했던 것을 10번 외우자는 식으로 생각하지 않는다. 버스 안에서도 내가 어떤 것을 생각해야겠다고 결심해서 하는 것이 아니다. 그저 차창으로 지나가는 풍경을 보면서 자연스럽게 떠오르는 것을 따라가는 경우가 대부분이다.

이렇게 습관처럼 자동적으로 몸과 마음이 움직이고 있을 때 우리의 생각은 자유로워지고 창의적인 아이디어가 튀어나올 수 있는 틈이 생긴다. 그 틈을 비집고 숨어 있는 우리의 파란 새싹들이 아이디어로 불쑥 솟아오른다. 버스 안이 자가용 안이 아닌 것은 이것으로 설명될 수 있다. 자가용은 스스로 운전을 해야 한다. 운전을 하게 되면 주변의 차량과 교통상황에 신경을 쓸 수밖에 없기 때문에 생각이 자유롭지 못하다. 생각이 상황의 제약을 받게 되어 창의성 또한 갇힐 수밖에 없다. 운전을 하면서 좋은 생각을 떠올렸다는 사람들이 있다면 아마도 그 당시에 교통상황에 집중하고 있지 않았을 가능성이 높다. 어찌 보면 사고가 날 수도 있는 위험한 상황이었다. 하지만 이런 자유로운 의식의 흐름이 무의식 속에 잠들어 있던 아이디어를 깨웠고, 급히 차를 세우고 종이를 찾게 만든 것이다.

창의성은 그것이 발현되는 특별한 공간이나 환경적인 조건을 요구하고 있는 듯하다. 구글에서는 매주 목요일 오후에 직원들에게 회사 주변을 산책하거나 달릴 수 있도록 자유를 준다. 회사 주위에 여러 개의 산책로를 개발해 원하는 곳으로 자유롭게 산책이나 조깅을 하도록 권한다. 이런 기분전환을 통해 좋은 생각들을 떠올릴 수 있음을 알기 때문이다.

걷거나 뛰는 행동은 자연스럽게 이루어진다. '이제 오른발이 앞으로 나갈 차례니까 오른쪽 발의 근육을 움직여야 해'라는 식으로 생각하는 것이 아니다. 그냥 걷는 것이다. 습관화된 방식에 따라서 걷기 때문에 생각은 좀 더 자유로울 수 있다. 그래서 걷거나 뛰는 것이 사색에 도움이 되고, 생각의 물꼬를 열어서 좋은 아이디어를 생산하는 데 도움이 되는 것이다. 뉴턴은 사과나무에서 사과가 떨어지는 것을 보고 만유인력의 법칙을 발견했다고 했다. 아마 그때 뉴턴은 산책을 하며 걷고 있지 않았을까 상상해 본다.

지금 여러분이 읽고 있는 이 글의 소재는 강의를 듣다가 문득 생각나서 기록해 둔 것이다. 그때 강사분에게는 미안한 말이지만 나는 강의에 집중하지 않고 엉뚱한 생각을 하고 있었다. 집중력이라는 것이 관심이 있는 것일 때는 잘 발휘되다가 조금만 내 관심사와 거리가 먼 이야기가 나오면 멀리 달아나는 탓에 엉뚱한 생각들로 흘러가는 경우가 종종 있다. 그 엉뚱한 생각들의 결과가 바로 지금 읽고 있는 이 글이다. 때로는 자신의 생각이 조금은 엉뚱하게 흘러가도록 내버려두는 것도 괜찮은 일이 아닐까?

책을 읽을 때도 마찬가지이다. 좋은 아이디어나 문제 해결의 실마리는 책을 읽는 도중에 떠오르기도 하지만 많은 부분은 책을 덮고 쉬고 있거나 잠시 딴 생각을 할 때 자주 찾아온다. 버스나 지하철에서 책을 읽다 정류장에서 내려 집으로 향해 걷고 있을 때 좋은 생각들이 많이 떠오른다. 책을 읽고 있을 때는 그것 자체에 집중하고 몰입하고 있기 때문에 아이디어가 비집고 나올 틈이 없다. 반면 읽는 것을 멈추고 다른 행동을 하고 있을 때 방금 읽었던 것과 예전의 경험 혹은 생각들이 연결되어 자유롭고 창의적인 생각으로 이어지는 경우가 많다. 아이디어란 지식과 지식, 지식과 경험, 경험과 경험의 연결을 통해서 만들어진다는 점에서 당연한 것인지도 모른다.

아이디어는 우리가 꺼내고 싶다고 꺼낼 수 있는 것이 아니라 우연한 기회에 자연스럽게 찾아오는 것이다. 우리의 몸과 마음이 잠시 쉴 때 돌연히 찾아드는 것이 녀석들의 방식이다.

그런 의미에서 책만 미치도록 읽으면서 독서가 좋은 생각을 가져다주지 않느냐며 하소연해본 사람이라면 이제 생각하는 방식을 좀 바꿀 필요가 있을 것 같다. 더 많은 책을 읽기보다는 잠시 책을 덮어두고 쉬거나 걷거나 뛰면서 여유를 즐길 필요가 있다. 이는 더 많은 지식을 찾아서 계속 머릿속에 주워 담는다고 해서 지혜롭게 되거나 좋은 아이디어를 가질 수 있는 것은 아닐 것이기 때문이다.

우리 집 화장실에는 볼일을 보면서도 책을 읽을 수 있도록 항상 책을 놓아두고 있다. 까닭에 예전에는 화장실에서 볼일을 보면서도 꼭 책을 읽곤 했다. 더 많이 읽고 더 많이 알기 위해서였다. 하지만 요즘은 책은 한 단락만 읽고 나머지 시간은 멍하니 있을 때가 많아졌다. 책을 덮고 사색하는 시간에 좋은 아이디어가 떠오른다는 것을 알았기 때문이다. 실제로 제법 괜찮은 아이디어들이 떠올라서 급히 볼일을 본 뒤 잊어버릴까봐 황급히 종이를 찾아 생각들을 기록한 경험도 제법 있었다.

책이란 참 좋은 것이다. 읽으면 배울 수 있어서 좋고, 읽은 후에는 아이디어가 생겨서 좋다.

우리는 무엇인가에 집착할수록 그것을 얻을 수 없게 되는 경우가 많음을 알고 있다. 집착하지 않을 때 깨달음은 찾아온다. 이제 잠시 책을 덮어두자. 이제 산책이나 하면 어떨까?

배움과 생각, 그 오묘한 사슬

:

學而不思則罔, 思而不學則殆
배우기만 하고 생각하는 것이 없으면 얻는 것이 없고, 생각하기만 하고 배우지 않으면 위태롭다.

《논어》 '위정'편에 나오는 구절이다. 공자는 배움과 생각의 관계를 이렇게 표현하고 있다. 배우기만 해서 머릿속에 지식과 정보만 쏟아 부으면 아무 것도 얻을 수 없고, 혼자서 생각하기만 하고 배우지 않으면 편협해져 삶이 위태롭게 된다는 것이다. 지식만을 위한 공부가 아무런 소용이 없고, 책은 읽지 않고 혼자 골똘히 생각만 하는 것이 삶을 위험에 빠뜨릴 수 있음을 경고하는 듯하다.

요즘 학생들은 물론 직장인들도 배우기만 하고 그 지식을 자신의 것으로 만들기 위해 깊은 사색에 잠기는 경험을 얻지 못하고 있다. 그런 상태에서 새로운 지식만 더 집어넣으려 하니 발전이 없을 뿐만 아니라 배운 지식마저도 쉽게 잊어버린다. 또 어떤 이는 책은 읽지 않고 오직 자기만의 생각과 판단으로 세상을 살아가니 원리를 모르고 순리를 알지 못해 스스로 위기를 자처한다. 전자는 조급함이 범인이고, 후자는 게으름과 자만이 범인이다.

'학문하는 사람은 자신을 먼저 돌아봐야 한다'는 말은 스스로의 조급함과 게으름, 자만을 깨달아야 한다는 뜻이다.

제4부

살아 있는 지식을 위하여

— 생산적 책읽기 두 번째 이야기
— 읽고 정리하고 실천하기

감동의 힘을 얻다

"애정이 깃들지 않는 사고는, 육체와 정신을 가르듯이, 사랑과 지혜를 분리시킨다."
- 윌리엄 블레이크

삶의 목적이 죽음이 아니듯 여행의 목적도 도착이 아니다. 여행의 목적은 여행 그 자체다. 어느 곳 어느 상황에서든 현재를 경험하고, 느끼고, 배우고, 깨닫는 것이 여행의 목적이다.

책의 목적 또한 줄거리를 아는 것이 아니다. 내용만 알려고 한다면 요약집을 읽거나 읽은 사람들의 이야기를 들어보면 될 일이다. 책읽기의 목적은 책과 읽는 행동과 마음가짐이며 그것을 느끼고 경험하는 것이다. 책과 내가 하나가 될 때 비로소 책은 나에게 의미가 되어 남는다.

물론 수단으로서의 책읽기를 추구하는 순간도 있기 마련이다.

내일까지 업무에 필요한 자료를 만들어내야 하는 직장인이라면 급하게 책을 뒤지게 될 것이다. 실제로 많은 사람들이 목말라하는 것이 바로 자신의 공부와 일에 도움을 줄 수 있는 수단과 기술인 듯하다. 대문호나 문학가들의 입장에서 보면 이런 수단과 기술에 대한 집착을 이해할 수 없을지도 모른다. 하지만 그들도 이해하지 않으면 안 되는 것이 인간은 다양하며, 때로는 아니 대체로 밥벌이가 예술보다, 욕망이 정의보다 앞선다는 사실이다. 문학가들에게 글과 책은 목적 그 자체여야 마땅할 것이다. 하지만 생활에 필요한 것을 얻는 수단적 독서에 익숙한 사람들에게 그런 이야기는 '도(道)를 아십니까?'라는 물음처럼 멀게만 느껴질 뿐이다.

책을 읽는 행위가 수단이냐 목적 그 자체냐에 대한 이야기는 어제 오늘의 이야기가 아니다. 조선시대의 한 단면을 잘라 보더라도 이 점은 쉽게 눈에 보인다. 조선시대 한양의 양반댁 몇 군데를 들여다보면 책을 읽어 과거에 합격하고 벼슬에 나아가기 위한 수단으로 책을 읽는 선비들이 여럿 보인다. 반면 책과 지식을 입신양명의 수단이 아닌 성찰과 깨달음, 진리탐구라는 순수한 목적 그 자체로만 여겼던 산림처사들도 제법 있다. 어떤 선비들은 이런 입신양명과 순수한 깨달음 사이에서 갈등하기도 한다.

이렇듯 책이 수단이냐 목적이냐에 대한 문제는 어제 오늘의 이야기가 아니지만 오늘에 와서 독서의 기술이 강조되는 이유는 과거와는 달리 인간이 너무 자유로워졌고, 자신의 성공과 실패가 대체로 스스로의 노력에 의존하게 되었기 때문이다. 신분제의 속박이 없어지고 사회적 구속이 약해져서 개인이 자유화될수록 부와 행복을 추구하는 개인의 욕구는 커질 수밖에 없다. 예전처럼 신분이라는 벽이 욕구를 통제하지 못한다. 지금은 더 빨리 성취하고 더 축적하고 싶은 욕구가 날로 강해져서 그 방편으로 독서의 효과적인 수단이 중요시 될 수밖에 없다.

이 때문에 독서의 기술에 대한 내용들이 책을 읽는 사람들에게 제법 많이 알려지게 되었다. 또한 직장인들이 책을 통해 지식이나 정보를 수집하는 일도 조금은 수월해졌다. 하지만 여전히 지식을 얻는 것과 그것을 통해 뭔가 의미 있는 일을 해내는 것 사이에는 제법 큰 장벽이 숨어 있다.

수단으로서의 책읽기를 위한 좋은 기술들을 적절히 활용해서 자료와 정보들을 얻을 수는 있다. 하지만 그것들이 힘을 발휘하기 위해서는 기술 너머의 무엇인가를 반드시 필요로 한다. 기술은 그것을 가진 사람이 있기에 가치 있는 것이다. 그 사람이 없으면 무용한 것이 되는 경우가 많다. 때문에 아무리 훌륭한 기술을 가졌다 해도 그것이 힘으로 연결되지 못하는 경우가 생긴다. 물론 그 원인은 그것을 사용하는 사람에게 있다. 기술을 무용하게 만드는 사람들에게서 발견되는 공통점은 바로 사랑이 없다는 것이다.

> 사람이 살아간다는 것은
> 날마다 무엇인가에 감동하고, 감격하면서
> 살아가는 것이라 생각합니다.

> 어제는 무심코 지나쳤던 것에
> 오늘 새롭게 발견하고 감동합니다.
> 나이가 들면서 생기는 얼굴의 주름은 어쩔 수 없지만
> 마음의 주름살만은 만들고 싶지 않습니다.
> 마음의 주름살이 생기게 되면
> 사람은 더 이상 감동하지 않게 되는 것
> 아닐까요.
>
> 감동하고 감격하는 데 돈이 드는 것도 아닙니다.
> 평생 부처님의 가르침을 깨닫지 못하더라도
> 감동 가득, 감격 가득한
> 그런 생을 살아가럽니다.

일본의 서예가이자 시인인 아이다미쓰오의 글이다. 인생과 감동에 대한 통찰과 의지가 절실히 느껴져서 가끔 꺼내서 읽곤 한다. 내가 평소에 감동하지 못하며 살고 있다는 반증인 셈이다.

현대사회는 감동의 사회다. 현대인들은 디지털과 사이버의 세상에서 풍요를 누리는 듯 보이지만 반대로 엄청난 감동의 가뭄에 시달리고 있다. 우리 삶은 감동의 기아에 시달리고 있다. 때문에 감동적인 것을 찾아 허덕이게 되고 먼 사막을 건너온 나그네처럼 오아시스를 갈망하게 된다. 지금 우리 사회에서 사람들을 감동시킬 수 있다는 것은 엄청난 힘이다. 그리고 사람을 감동시킬 수 있

는 힘은 바로 '사랑'에서 나온다.

  사랑이 담겨 있는 책은 다르다. 독자들을 위해서 자신의 인생을 고스란히 담아낸 저자의 책은 누가 읽어도 감동적이다. 사랑은 자신을 주는 것이다. 자신을 책에 고스란히 담았으니 그것을 읽는 독자들의 마음이 사랑으로 넘칠 수밖에 없다. 그런 책을 읽는 독자들 또한 책을 사랑하는 마음으로 읽어야 한다. 그래야 저자의 사랑이 감동으로 다가온다.

  아이들이 읽는 얇은 이야기책도 애정을 갖고 꼼꼼히 살펴서 읽다 보면 그 속에 무수한 진리들이 담겨 있음을 발견하게 된다. 하지만 기계적으로 읽고 의무적으로 정리하다 보면 어떠한 느낌도 전달되지 않고, 단지 감동 없는 줄거리만이 남아서 이게 모두인 것처럼 주인 행세를 한다. 우리의 문제는 여기 있다고 해도 과언이 아닐 것이다. 사랑이 깃든 책을 애정으로 읽어갈 때 감동이 찾아온다. 감동이 우리 삶을 살찌우고 영혼을 성장시킨다.

  눈치가 빠른 독자들은 이미 이해했을지도 모르겠다. 책과 이야기, 그 주인공들을 사랑으로 대하고, 자신의 마음을 담아서 읽고 전달하는 것, 그것은 바로 수단으로서의 책읽기를 넘어서는 것이다. 독서에 사랑이 담기면 그 자체가 바로 목적이 되고 삶이 된다. 그때야 비로소 우리는 수단과 목적을 넘어서는 진정한 독서에 닿게 되는 것이다.

직접지식과 기술지식의 차이

'나는 철수를 안다'고 했을 때 이때 안다는 것은 무엇일까? 이것은 경험과 관련된 것이다. 경험을 통해서 철수와 만나거나 관계를 맺고 있는 것이다. 버트란트 러셀은 이런 지식을 '직접지'라고 불렀지만 엄밀한 의미에서 이것은 지식이 아니다. 그냥 경험의 단편일 뿐이다. '나는 철수를 안다'는 것이 힘이 되고, 삶의 문제를 해결하고, 앞길을 밝혀줄 지혜가 되기 위해서는 내가 철수에게 애정을 가져야 한다. 그래야 철수를 아는 것이 힘이 된다. 철수를 통해서 나를 들여다볼 수 있게 되고, 어떻게 살아야 하는지를 배울 수 있게 된다. 이때 관계가 커지고 비로소 철수를 제대로 세우게 된다. 그것이 바로 사랑의 힘이다.

'2×2=4'라고 했을 때 이것을 '기술지'라고 한다. 이것은 옳고 그름의 명제가 될 수 있는 엄격한 의미에서의 지식이다. 하지만 이 기술지 또한 애정과 사랑이 없으면 아무런 역할도 하지 못한다. 그냥 세상의 원리로 존재하는 어떤 것일 뿐. 우리가 그것에 대한 애정을 갖고 새로운 눈으로 그것을 대해야 문제해결의 열쇠로서 그것을 볼 수 있게 된다.

그러므로 모든 지식은 사랑이다.

생산적 책읽기 두 번째 이야기
—읽고 정리하고 실천하기

나만의 신성한 공간을 만들자

"여러분이 만드는 모든 것에 여러분의 영혼을 집어 넣어라."
-칼릴 지브란

일요일 아침, 거리에서 아는 분을 만났다. 내가 먼저 인사를 건넸다.
 "어디 다녀오시는 길이세요?"
 "네. 교회에 다녀오는 길입니다."
 "일요일마다 가시는 거예요?"
 "아뇨. 일주일에 두 번이에요."
 "일도 바쁘실 텐데 교회까지 부지런히 다니시고 힘들지 않으세요?"
 "그렇지 않아요. 오히려 그 반대죠. 교회에 다녀오면 비로소 마음이 편안해지고 일도 갈래가 잡히는 것 같아요."
 오래 전, 사법시험을 공부하는 후배와 같은 고시원에서 잠시 지낸 적이 있었다. 고시공부를 하는 사람들은 시간은 부족한데 공부할 것은 끝이 없는 절대적인 시간 압박에 시달리는 경향이 있다. 그때 후배는 이런 시간부족 상황에서도 일요일이면 꼭 절에 다녀오곤 했다. 아침밥을 먹고 절에 다녀오면 말 그대로 오전이 날아가 버린다. 가끔 행사라도 있는 날이면 하루 온종일 절에서 시간을 보내곤 했다. 보다 못한 내가 물었다.

"공부할 시간도 부족할 텐데 절에 다녀오면 손해 본다는 생각 안 들어?"

"아니, 전혀 그렇지 않은데. 절에 다녀오면 마음이 맑아지고 부드러워져서 공부도 더 잘 할 수 있어. 정말이라니까? 다음 주에 나하고 같이 가볼래?"

현대인들은 시간 압박에 시달리면서 산다. 이런 시간으로부터 자유롭고자 노력하지만 그런 노력이 오히려 쉬어야 한다는 새로운 압박을 만들면서 정신적인 긴장은 오히려 강화된다. 교회나 절에 다니는 분들을 보면서 의아한 생각이 든 것은 내 마음속에 이미 시간에 대한 강박관념이 강하게 자리 잡고 있기 때문일 것이다. 삶의 의미를 찾아보라고 떠들고 다니던 나도 의미를 찾기 위해 시간을 더 알차게 사용해야 한다는 압박을 가지고 있었음이다. 조금만 시간이 나도 책을 봐야 하고 더 많은 책을 보기 위해 다른 것을 하는 시간을 절약하려고 했던 모든 의도들이 스스로를 옭매는 사슬이 되었는지도 모른다. 그렇게 보면 앞선 두 이야기의 주인공들에 비하면 나는 얼마나 쪼잔하고 아둔한가?

바쁘게 사는 사람들 중에는 의외로 정신적인 충전을 위해 자신만의 특별한 공간을 준비해두는 경우가 많다. 여기서 특별한 공간이란 그곳에 가면 마음이 아주 편하고 잔잔해지며 온통 자신을 위한 에너지들이 넘쳐 흘러 일상에서 긁힌 상처를 치유 받고, 자신의 본래 에너지를 회복시켜 줄 수 있는 곳을 말한다. 교회나 절 같은 영적인 장소인 경우도 있고, 산이나 바다, 산책로 같은 자연의 에너지가 넘쳐 흐르는 장소인 경우도 있다. 취향과 개성에 따라서 장소는 달라지고 얻을 수 있는 에너지의 모양도 조금은 다를 것이다.

일상에 지친 사람들은 이런 장소를 다녀오면 마음이 참 편해진다고 한다. 일도 좀 더 잘 할 수 있을 것 같다고 말한다. 그곳에서 자신을 용서받고, 세상과 화해하며, 스스로 삶에 대한 에너지를 얻어내기 때문이다. 이런 공간을 가진 사람이라면 이해할 수 있을 것이다. 그곳에 그냥 있다는 그 자체만으로도 얼마나 행복하고 가슴 뿌듯한지. 이런 행복과 뿌듯함이라면 마냥 두려운 세상이지만 살아볼 만하지 않을까 싶다.

그런 의미에서 자신만의 신성한 공간을 마련해보는 것은 어떨까? 신성한 공간이란 그곳에 가면 마음이 편하고, 왠지 아늑하게 느껴지며, 자신의 인생이 아름다울 수 있을 것 같은 생각이 드는 곳이다. 꼭 교회나 절일 필요는 없다. 안방일 수도 있고, 거실일 수도 있고, 서재일 수도 있고, 공원의 한적한 공간일 수도 있고, 사무실의 책상일 수도 있다. 마음이 편해지고 행복해지는 곳이라면 어디든지 가능하다. 누구나 이런 공간이 필요하다. 삶의 균형이 무너졌을 때 이런 공간은 우리를 치유하고 회복시키며 좋은 영감을 떠오르게 해서 보다 튼튼해질 수 있도록 지지해준다.

책을 좋아하는 분들 중에는 자신만의 서재를 갖고 싶어 하는 경우가 많다. 왜 그럴까? 책을 많이 모아두면 기분이 좋아지기 때문일까? 그것은 아마 자신만의 서재를 가졌다는 기쁨과 그 공간 자체가 주는 행복감 때문일 것이다. 이때 서재는 신성한 공간이 된다.

좋은 서재란 책이 많거나 잘 꾸며진 서재가 아니다. 그곳에 가면 아늑하고 여유로워져서 자연스럽게 생기가 도는 곳이 좋은 서재다. 그곳에 있으면 입가에 미소가 넘치고 행복해져야 한다. 세상을 사는 재미를 느낄 수 있고, 앞으로 살아갈 일이 즐겁고 의미 있을 것 같다는 기대가 넘쳐야 한다. 그러자면 좋은 책이 있어야 하고, 책의 주인이 책을 좋아해야 하며, 책과 함께 즐거웠던 경험들을 가지고 있어야 한다.

경제적 어려움이나 환경적 여건상 서재를 갖기 어려운 경우라면 책장을 신성한 공간으로 만들면 어떨까? 책장 앞에 서면 아늑하면서도 편안해지고 자연스럽게 기분이 좋아진다. 그런 책장 하나만 가져도 훌륭한 공간을 가진 느낌을 얻을 수 있다.

나는 일주일에 두세 번 정도 책장 앞에 서서 그동안 읽어왔던 책들을 살펴보곤 한다. 며칠 전에 읽었던 가벼운 책들도 있고, 아주 오래전에 읽어서 색이 바랜 시집들도 눈에 들어온다. 그런 책들을 보고 있노라면 책에 얽힌 사연과 이야기들이 마음속에서 스물 스물 흘러넘친다.

'저 책을 읽으면서 운 적이 있는데…….' '이건 너무 어려워서 읽다가 포기한 적이 두 번쯤 되는 것 같은데' '선배들과 토론하면서 대든 기억이 있는 책이군' '이 책 때문에 내가 책을 좋아하게 되었지'

그러는 동안 내 삶을 돌아보고 나를 성찰한다. 지금까지 살아온 날들만큼 앞으로 살아갈 날들의 내 모습들이 눈에 선해지면서 미소가 떠오르고, 고즈넉한 마음이 된다. '그래, 이렇게 살아가는 거야'라는 생각으로 알 수 없는 여유와 긍정이 나를 감싼다. 행복해지고 아름다워진다.

책장 앞에서 책들을 바라보고 있을 때보다 더 행복한 적도 없었던 것 같다. 특별히 크고 좋은 서재가 있는 것도 아니고, 구하기 힘든 장서들로 가득 찬 것도 아니다. 이는 한 장 한 장 넘기며 읽어왔던 내 삶의 파편들이 고스란히 책 속에 담겨 나에게 신성한 무엇인가를 건네주기 때문일 것이다. 그 순간만은 부러운 것도 부끄러운 것도 없다. 두려움도 없고 아쉬움도 없다. 자신이 신성한 무엇으로 싸여있다는 느낌, 나 자신이 세상과 다르지 않다는 아늑함이 삶에 의미를 부여해준다.

지금 책장 앞으로 가보는 것은 어떨까? 자신만의 신성한 공간에서 스스로를 찾아보는 것은 어떨까? 살면서 이런 공간이 있다는 것이 얼마나 행복한 일인지 느껴보면 어떨까?

신성한 공간 죽이기

:

책장 앞에서 서성이고 있었다.
아내가 묻는다.
"뭐 해?"
"응, 그냥……."
"그냥 뭐?"
"그냥 책 보고 있어."
"왜?"
"책들을 이렇게 둘러보고 있으면 기분이 좋아지고 마음이 정돈되거든."
"혹시 책 속에 돈 넣어둔 거 아니야? 어느 책이야? 얼마야?"
우리 머릿속에 돈이 있는 한 신성함은 눈에 보이지 않는다. 주변은 신성한 것들로 가득 차 있지만 우리는 항상 그것을 놓치며 산다.

생산적 책읽기 두 번째 이야기
— 읽고 정리하고 실천하기

집에서는 책을 읽지 않는다

"독서는 나를 나 자신으로부터 해방시켜 준다."
—니체

하루는 사무실에서 읽던 책을 다 읽어야겠다는 욕심에 퇴근을 하고 집에서도 책을 읽고 있었다. 아이들은 이리저리 뛰어다니고, 아내는 집안을 정리하느라 바쁜 저녁시간이었다. 보통 때라면 나도 뭔가를 하고 있어야 했다. 아이들 목욕을 시키거나 청소를 하거나 밥상이라도 차려야 하는데 그날은 책에 빠져 있었다. 아내는 책만 보는 내가 조금 불만인 듯했다. 나는 마음속으로 방금 읽었던 책의 내용을 떠올리며 그런 시선을 외면했다. 그 구절은 이런 것이었다.

"요즘 같은 시대에 저녁시간에 공부를 하지 않는 직장인이 있다면 가장으로서 책임감이 없는 사람이다."

 책은 위험한 물건이다. 사람의 생각을 자기 마음대로 만들어 버린다. 책을 좋아하는 사람들은 읽고 싶은 마음에 퇴근 후의 시간도 아까워 책을 놓지 않는다. 하지만 그렇게 하면 좋아하는 것이 지나쳐 주변의 많은 것들을 놓치게 된다. 아이들이 어떻게 자라는지, 아내는 어떤 고민이 있는지 생각해 볼 여유가 없다. 간혹 가족의 행복을 강조하는 책을 읽으면서 가족을 위해서 좀 더 노력해야겠다고 '생각만 하는' 정도가 끝이다. 덕분에 가족을 놓치고 친구도 잃는다. 그러면서도 매일 바쁘다고 한다.

 책을 좋아하는 사람이 좋아하는 것을 넘어서 현명해지려면 책이 가진 특성을 이해할 필요가 있다. 우리는 책을 읽으면 좋든 싫든 어떤 자극을 받게 된다. 열정적인 책을 읽으면 '나도 이렇게 해봐야지'라고 결심하게 되고, 지식이 가득한 책을 읽으면 더 열심히 읽어야겠다는 생각을 하게 된다. 가족들과 화목하고 즐거워야 할 저녁시간에 일과 지식에 대한 열정을 불러일으키는 책들을 읽고 있다면 어떤 일이 벌어질까? 더 많이 배우고, 더 많이 이해하고, 더 많이 도전하기 위해서 노력하려 할 것이다. 그렇게 되면 가족이나 친구 같은 주변 사람들이 눈에 들어오지 않는다. 오로지 더 열심히 일하고 공부해야겠다는 생각뿐이다.

 나는 언제부턴가 집에서는 '거의' 책을 읽지 않는다. 단, 아이들이 잠자고 있을 때는 예외로 한다. 이런 원칙을 가질 수밖에 없었던 것은 지난날의 경험 때문이다. 책에 대한 열정이 가족에게 피해를 줄 수 있다는 사실을 깨달은 것이다. 내가 좋아하는 것을 하는 것이 다른 사람들에게는 피해가 될 수도 있다. 그렇다면 그것을 하지 않는 것이 좋다.

물론 가끔은 집에서도 책을 읽는다. 아이들이 자기들끼리 잘 놀고 있고, 집에서 특별히 해야 하는 일이 없을 때가 그렇다. 이럴 때 책을 읽는 것은 오히려 도움이 된다. 나에게도 도움이 될 뿐만 아니라 아이들에게도 도움이 된다. 아빠가 책을 읽는 모습을 보면서 아이들에게 책이 좋은 것이라는 느낌을 줄 수 있다. 덕분에 아이들이 책과 친해질 수 있을 것임을 알기 때문이다. 그래서 집에서는 '거의' 읽지 않는다고 한 것이다.

집에서 책을 읽을 때 주의해야 할 것이 하나 있다. 그것은 '더 열심히 뛰라'는 메시지가 담긴 책은 피한다는 것이다. 가족들과 함께 있을 때만이라도 '지금 행복하라'는 메시지가 담긴 책을 읽어야 한다. 그래야 가족들에게 더 관심을 가지게 되고 지금 이 순간을 가족들과 나누려고 하게 될 것이다. 더 가져야 가족이 행복한 것이 아니라는 것을 알 때 지금 행복할 수 있음을 실천할 수 있게 된다.

책을 읽는 사람은 어떤 책을 어느 장소에서 읽을 것인가를 분야별로 비율을 정해두는 것이 필요하다는 생각이다. 나는 읽어야 할 책을 지식, 열정, 가치관에 관한 분야로 나누고 있다. 세 가지 분야로 나눈 이유는 세 분야를 다 갖추어야 현명하게 살아갈 수 있다고 생각하기 때문이다.

지식은 자신이 하고 있는 일의 전문성과 문제 해결력을 키워준다. 열정은 하고 있는 일을 더욱 열심히 하도록 자극한다. 가치관은 내가 일을 왜 하는지 알려주고, 일을 할 때의 기준을 제시해준다. 이 세 가지는 사람이 살아가는데 모두 중요한 것들이다.

지식과 기술이 담긴 책을 많이 읽어 그 분야의 전문가가 되었고, 또한 열정도 있다고 해도 그가 가치관이 부족하다면 큰 문제가 될 수 있다. 도둑이나 사기꾼이 될 수도 있기 때문이다. 도둑이나 사기꾼도 자기 분야의 전문기술과 지식은 충분하다. 자기 일에 대한 열정도 아주 강하다. 그러나 가치관이 비도덕적으로 흐르기에 문제가 되는 것이다. 똑똑하고 잘난 사람이 자주 부딪히는 문제가 바로 이 도덕성에 관한 문제가 아니던가.

반면, 열정이나 가치관은 갖추었지만 전문지식이나 기술이 없으면 옳은 소리만 할 뿐 구체적인 문제는 해결해주지 못하는 책상물림 지식인이 되어버릴 가능성이 높다. 자신의 현실적인 문제 하나도 해결 못하는 사람이 목소리만 높인다면 잔소리처럼 들릴 뿐 사람들에게 아무런 공명도 주지 못하고 만다.

전문기술이나 지식이 있고 가치관이 훌륭하다고 해도 열정이 없으면 팔짱이나 끼고 구경하는 얌체지식인이 될 수 있다. 그래서 이 세 가지를 두루 갖추는 것이 우리가 살아가는 사회에서 중요하다는 생각이다.

세 분야의 책을 골고루 읽어주려는 노력이 필요하다. 전문지식과 기술이 담겨 있는 책은 해당 분야의 전문가들이 쓴 책이기에 구체적이고 어렵다. 때문에 많이 읽으려면 상당한 노력이 필요하다. 이때 열정을 전해주는 책을 읽어주면 그런 책들을 읽는데 큰 도움이 된다. 마찬가지로 열정이 지나치게 앞서나갈 때 가치관에 관한 책을 읽어주면 열정의 강도를 조절하고, 스스로 자기를 관리할 수 있으며, 옳고 그른 것에 대한 눈을 키울 수 있게 된다.

경험에 의하면 열정을 전해주는 책들은 자서전이나 자기계발서에서 쉽게 찾을 수 있다. 가치관에 관한 책은 동양고전이나 철학, 역사책들이 좋다.

제목과 목차를 보면 이 책이 어떤 분야에 해당하는 책인지 어느 정도는 짐작할 수 있다. 이 세 분야의 책들은 자신이 어떤 상황에 처해있느냐에 따라 비율을 다르게 해주는 것이 좋다는 생각이다.

기술과 지식이 부족한 상황이라면 한 달에 책을 다섯 권 정도 읽는다고 했을 때 기술과 지식에 대한 책을 3권 읽고, 열정에 대한 책을 1권 읽고, 가치관에 대한 책을 1권 정도 읽는 것이 적당할 것이다. 반면 기술과 지식은 중간 정도이고 열정이 좀 부족한 상황이라면 2:2:1의 비율이 적당할 것이고, 기술과 지식은 강한데 세상에 대한 가치판단에 약하다 싶으면 2:1:2의 비율이 괜찮을 것이다.

이런 비율은 항상 지킬 수 있는 것도 아니고, 지켜나가는 것이 아주 바람직한 것도 아니다. 자신의 느낌에 따라, 그때 그때 상황에 따라 조금씩 달라질 수 있다. 문제는 이런 비율을 생각해봄으로써 자신이 어떤 부분에 취약점이 있는지 생각할 기회를 가진다는 점이다.

  우리들 대부분은 지식과 열정에 대한 책을 많이 본다. 의외로 가치관에 대한 책은 잘 읽지 않는다. 가치관은 고리타분하다고 느낀다. 하지만 그것이 없으면 아무런 색깔도 없는 밋밋한 사람이 될 수 있다.

  열정을 담고 있는 책들은 아침저녁으로 짬을 내서 수시로 봐도 괜찮다. 지하철에서 보든 집에서 잠시 엎드려 보든 별 문제가 없는 것이 열정에 대한 책이다. 열정을 담고 있는 책들은 단락단락 끊어서 읽을 수 있게 구성되어 있는 경우가 많다. 반면 전문지식이나 가치관에 대한 책들은 시간을 통합해서 읽어야 할 필요가 있다. 깊이 있는 생각과 정리가 필요하기 때문이다.

  장소와 자신의 처해있는 상황에 따라서도 읽는 책의 성질은 달라져야 한다. 가족과 함께 있을 때는 '더 열심히 일하라'고 자극하는 책보다는 '자신을 내려놓고 사람들을 받아들이라'는 넉넉함을 담은 책을 읽는 것이 좋다. 회사에서는 '보다 열정적이고 창의적으로 일하는 방법'같은 도전적이고 적극적인 책을 읽는 것이 일의 열정을 키우는데도 좋고, 다양한 아이디어를 개발하는데도 도움이 된다. 버스 안에서는 '삶의 의미란 뭘까'를 고민하게 해주는 책을 읽으면 인생에 대한 깊이 있는 이해와 함께 스스로 생각하는 힘을 키워갈 수 있다.

  집에서는 책을 읽지 말자. 단, 자신만의 예외원칙은 두고.

생각이 달라지면 행동도 달라진다
:
'다르게 생각하면 다르게 행동할 수 있다.'
권력에 대한 우리시대의 사유방식을 바꾼 철학자 미셸 푸코의 말이다. 그는 권력과 사회구조에 대해 비판적 태도를 취하는 것이 권력에 휩쓸리지 않고 자신만의 삶을 찾아가는데 중요하다고 보았다. 때문에 사회적 압력과 복종의 사슬에서 자유롭기 위해서는 남들과 다르게 생각해야 하며 다르게 생각할 때 다르게 행동할 수 있다고 한 것이다.

다르게 행동한다는 것은 자기답게 사는 것과 관련이 있다. 다르게 생각하기 위해서는 무엇을 해야 할까? 일단 다르게 보아야 한다. 다르게 말해야 한다. 남들과 다르게 보고 말하는 것, 그것이 이루어지려면 먼저 자신에게 질문을 던질 수 있어야 한다.

'나는 왜 이 책을 보고 있는 것일까?' '왜 그래야 하는 거지?' '분명히 다른 이유나 방법이 있을 텐데?'

이렇게 질문을 던짐으로써 다르게 볼 기회를 얻게 된다. 자기성찰을 위한 질문이 철학의 기본이며 다르게 생각하기의 시작이다.

책읽기에서 자기성찰과 질문이 중요한 것은 그것을 통해 남들과 다르게 생각할 수 있고, 결국 다르게 행동할 수 있도록 해주기 때문이다.

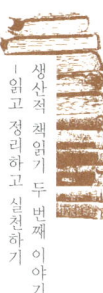

생산적 책읽기 두 번째 이야기
―읽고 정리하고 실천하기

지식은 살아있다

"가장 위대한 책이란 종이테이프에 찍히는 전문처럼 두뇌에 새로운 지식이 박히는 것과 같은 책이 아니고, 생명이 넘치는 충격으로 다른 생을 눈뜨게 하고, 또 다른 생에서 생으로 여러 가지 정수를 공급해 주는 책이다."
―로맹 롤랑

"우리가 관찰하고 있는 것은 자연 그대로의 것이 아니라 우리의 질문방법에 노출된 자연이다."

독일의 물리학자 하이젠베르크는 '불확정성의 원리'라는 것을 발표해 사람들을 혼란에 빠뜨렸다.

뉴턴식 과학관은 현상의 배후에는 존재를 결정하는 법칙이나 원리가 있다고 규정했다. 이에 따르면 자연에는 일정한 법칙이 있고, 그 법칙에 의해 전체와 부분은 서로 작용하며, 이 부분들을 세밀하게 분석하면 사물을 이해할 수 있다고 한다.

하이젠베르크는 이것을 정면으로 부정했다. 그 이후 물리학계는 큰 소용돌이 속으로 빠져들어 아직도 해결되지 못한 과제들만 산재하게 되었다.

모든 사물은 자신만의 독특한 에너지를 가지고 있다. 그리하여 서로 끌어당기는 인력이 작용한다. 우리 인간들 또한 모두 에너지를 가지고 있다. 아끼고, 사랑하고, 싫어하고, 증오하는 것들이 모두 에너지다.

사람은 자신이 좋아하고 아끼는 것에 대해 애착을 가진다. 애착은 강력한 에너지다. 에너지는 다른 사물에 영향을 미쳐 사물의 모양을 변화시킨다. 우리가 애착을 가지고 바라보는 존재는 존재 그대로의 모습이 아니라 우리의 애착이 반영된 존재가 된다. 내 눈에 '나의 아이'는 너무나 사랑스럽고 존귀하고 특별해 보인다. 하지만 '남의 아이'는 단지 아이일 뿐이다.

우리가 바라보는 세상 또한 우리 자신의 에너지에 의해 영향을 받는다. 내가 세상을 바라보면 바로 그 순간의 기분과 기운이 세상에 영향을 미친다. 이 때문에 세상이 어둡고 탁한 곳이 되기도 하고, 밝고 희망찬 곳이 되기도 하는 것이다. 이때 중요한 것은 바로 내가 어떤 마음으로 세상을 보느냐가 중요하다.

책을 읽는 사람들에게 불확정성의 원리는 두 가지 의미를 담고 있다.

하나는 책을 읽는 사람의 태도가 중요하다는 사실이다. 사람이 어떤 마음으로 책을 읽느냐에 따라서 책의 내용이 달라진다. 밝고 긍정적인 마음으로 책을 읽으면 설사 책의 내용이 형편없는 것이라고 할지라도 무엇인가를 배우게 된다. 어둡고 부정적인 마음으로 책을 읽으면 아무리 좋은 책이라도 한 줄의 교훈조차 얻지 못한다. 내 마음속에 마음이 없으니 보는 것마다 모두 속절없다.

공부할 마음이 없는 아이에게 아무리 좋은 교과서와 훌륭한 선생을 붙여본들 아무 소용이 없다. 공부하고자 하는 마음이 있는 아이는 굴러다니는 신문지 조각 하나가 소중한 삶의 가르침이 된다.

《바람찬 날에 꽃이여 꽃이여》라는 시집을 낸 시인 김용주는 어린 시절 너무나 가난해서 읽을 수 있는 글이 적힌 종이 한 장 구하기가 어려웠단다. 읽고 싶은 마음은 간절한데 책이 없으니 얼마나 아쉬운 마음이 간절했을까. 때문에 찢어진 신문지 한 조각을 읽을 수 있다는 것이 참으로 행복했단다.

이런 마음이 신문지의 모양을 변화시킨다. 보는 사람의 마음에 따라서 지식의 모양이 바뀌는 것이다. 그렇다면 지식은 살아있는 것이 아닐까? 지식은 그것을 받아들이는 사람에 따라서 천차만별의 다양한 모양을 드러낸다. 덕분에 똑같은 책을 읽지만 읽은 사람에 따라서 밑줄 친 곳이 저마다 달라진다. 결국 그것을 받아들이고 이용하는 방법 또한 다르게 나타난다.

불확정성의 원리가 가진 두 번째 의미는 지식은 끊임없이 변한다는 것이다.

지식은 살아 있고, 살아있기에 자신의 형태를 다양하게 바꾸면서 변형되어 간다. 만나는 사람에 따라서 내용이 달라지고, 적용되는 상황에 따라 변형된다. 시대와 상황에 따라, 그것을 받아들이는 사람에 따라 달라지는 것이 지식이다.

요즘 시대를 흔히들 포스트모던시대라고 한다. 기존의 근대적 질서가 사라지고 규정할 수 없는 무질서가 새로운 질서로 자리 잡고 있다. 포스트모던시대의 시간을 연구해온 칼 하인츠 A. 가이슬러는 자신의 책 《템포 템포》에서 지식의 가치에 대해서 의미 있는 분석을 하고 있다.

"많은 불확실함 속에서도 확실한 한 가지는 모든 해결책은 그 중요성과 효과에 있어서 새로운 해결책에 반복적으로 빠르게 가치를 잃게 된다는 것이다. 그러므로 항상 시류에 뒤진다는 느낌을 갖게 되는 것이 포스터모던 시대의 운명이다."

불확실한 상황 속에서는 정답이 없다. 새로운 해결책들이 수시로 등장한다. 상황이 바뀔 때마다 다시 새로운 대안들이 모색된다. 따라서 지식은 엄청난 변화를 스스로 경험하게 된다. 이런 상황에서는 하나의 지식이 진리라며 붙잡고 있을 수가 없다. 때문에 학습을 멈출 수 없는 것이다. 새로운 상황에 적응하고 해결책들을 찾아내기 위해서는 배우고 적용하고 다시 배우기를 반복하는 방법뿐이다. 그것이 우리시대 독서가들이 살아가는 방식이라면 너무 가혹한 것일까?

지식을 통해 미래를 경영하려고 하는 사람들은 이제 두 가지 관점을 가져야 할 것 같다. 하나는 지식을 보는 자신의 태도를 점검하는 것이다. 다른 하나는 지식은 끊임없이 변하는 유동적인 것이라는 점을 받아들이는 것이다.

　책을 읽는 사람은 배고픈 사자가 먹잇감을 만난 진지함으로, 신입사원이 첫 출근한 날의 긴장감으로, 대장장이 장인이 쇠를 두드리는 매순간의 예민함으로, 오케스트라의 연주자가 거대한 음악의 흐름에 자신의 리듬과 손길을 맡기는 자연스러움으로 마음을 단장해야 한다. 그렇지 않다면 사자의 눈은 먹잇감에서 멀어질 것이고, 신입사원은 곧 명퇴할 고참의 눈동자처럼 될 것이며, 대장장이의 손길은 어떤 유용한 것도 만들어내지 못할 것이다. 오케스트라의 공연은 생각도 하지 말자.

　하나의 지식을 다른 지식으로 전환하고 유연하게 변형하려는 노력도 뒤따라야 한다. 독서의 정신이 지식을 찾아내게 한다면 독서의 기술은 지식이 적용되는 곳을 찾아내게 하고, 지식 그 자체를 유연하게 만든다. 지식은 살아 있다.

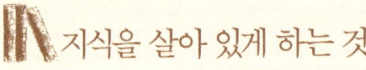 지식을 살아 있게 하는 것들

어디를 가든 다른 사람들에게 열정을 심어주고, 세상을 온통 꽃밭으로 만드는 사람들이 있다. 내부의 생명력이 넘쳐흘러 다른 사람들에게도 좋은 영향력을 미친다. 삶의 의미를 잃은 사람들을 일으켜 세우고, 일상에 빠진 사람들에게 내부의 불씨를 지펴 올린다. 이런 넘치는 생명력은 어디에서 오는 것일까? 그것은 자신을 극복하는 힘에서 오는 것 같다.

우리는 모두 자신이라는 틀에 갇혀 있다. 강렬하게 독립을 바라면서도 혼자됨이 두렵고 자신을 믿지 못한다. 욕망하는 것이 있으면서도 도전을 두려워하고, 사랑하면서도 싫어질까 염려한다. 믿는 것이 있으면서도 의심스러워하고, 행복해하면서도 불안하다.

어떤 지식들은 우리의 눈을 가리고, 길을 가로막고, 엉뚱한 곳으로 몰고 간다. 가슴속의 명령을 따르지 못하게 막고, 사회적 시스템의 명령을 따르라 한다. 이것은 지식의 어두운 면이다.

보편적이라는 이유로 선택된 지식, 헤게모니를 쥔 자가 구성원들에게 강제하는 지식, 남의 것을 베낀 지식을 그대로 받아들이는 것은 자신을 황무지로 만든다. '왜?'라는 반문을 통해 자신이 옳다고 믿을 수 있는 지식, 기존의 틀을 깨거나 사회의 구조적 압력의 부당한 지적 횡포를 막아내는 지식이야말로 생명력이 넘치는 지식이다. 지식이라고 다 지식이 아니다.

생산적 책 읽기 두 번째 이야기
— 읽고 정리하고 실천하기

지식을 만나면 지식을 죽여라

"독서는 단순히 지식의 재료를 공급할 뿐
그것을 자신의 것으로 만드는 것은 사고의 힘이다."
-존 로크

임제 선사가 제자들을 가르치고 있었다.

젊은 스님 하나가 큰마음으로 물었다.

"스님, 진정한 불법이란 무엇입니까?"

질문을 들은 임제 선사는 갑자기 일어나 제자의 뺨을 힘껏 갈겼다.

"철썩!"

손바닥이 뺨을 만나는 큰 소리와 함께 뺨을 맞은 젊은 스님이 저 멀리 나가 떨어졌다. 너무나 갑자기 당한 일이라 황당하기도 하고, 화가 나기도 했던 젊은 스님이 선사를 바라보았다.

바로 그때 곁에 있는 스님 하나가 젊은 스님에게 말했다.

"자네는 높은 법문을 듣고도 왜 절을 하지 않는가!"

얼떨결에 시키는 대로 임제 선사에게 절을 하려던 젊은 스님은 그 순간 큰 깨달음을 얻었다.

임제 선사가 젊은 제자의 당연한 물음에 뺨을 때린 이유는 무엇일까? 젊은 제자가 예의 없이 굴어서일까? 아니면 가르쳐주기 싫어서일까? 임제 선사가 아닌 다음에야 정확히 알 수 없는 노릇이다. 하지만 짐작할 수는 있을 것이다.

지식에는 말이나 글로 표현할 수 있는 것이 있고, 말이나 글 같은 것으로는 도저히 표현할 수 없는 것이 있다. 말이나 글로 표현할 수 있는 것은 책이나 구술로 전해질 수 있다. 예를 들어 '자동차 타이어 가는 법'같은 것은 말이나 글로 표현할 수 있고, 다른 사람에게 가르쳐줄 수 있다. 하지만 '운전하는 법'같은 것은 말이나 글로 표현하기 어렵다. 핸들을 어떻게 조작하고 어떻게 발을 이용해야 하는지 글로 표현하다가는 수천 페이지가 넘어갈 수도 있다.

운전하는 법은 말이나 글이 아니라 실제 운전을 통해서 배워야 더 잘 배울 수 있다. 마찬가지로 라면 끓이는 방법이나 종이비행기 접는 법은 말이나 글로 표현할 수 있지만 '삶의 의미는 무엇일까?' '사랑이란 무엇인가?'라는 질문들은 말이나 글로 표현하기에는 한계가 있다.

임제 선사는 젊은 스님이 묻고 있는 것이 말이나 글로는 가르칠 수 없다는 사실을 알고 있었다. 때문에 이상한 행동이나 충격적인 방법으로 전달할 수밖에 없었다. 그로서는 뺨을 때리는 것이 제자를 가르치는 최선의 방법이었는지도 모른다. 제자 입장에서는 황당할 수밖에 없다. 물었으면 답이 나와야 하는데 난데없이 뺨이라니. 제자 또한 훌륭했던 모양이다. 스승에게 절을 하다가 스스로 깨달았으니 말이다.

아무리 훌륭한 지식이라도 자기만의 방식으로 그것을 이해하지 못하면 그것은 닥쳐오는 자기 삶의 문제를 해결하는데 아무런 도움을 주지 못한다. 오히려 지식의 겉모양만으로 떠들어대는 잔소리꾼이 되어 사람들로부터 따돌림이나 당하는 슬픈 존재로 머물기 쉽다.

제자가 물었던 '진정한 불법이란 무엇인가'라는 질문은 다른 사람의 대답을 통해서 답을 찾아본들 아무것도 건질 수 없는 것이었다. '어떻게 살아야 할 것인가'의 문제는 자기 스스로 질문을 던져 스스로 경험과 사색, 직관을 통해서 찾아내야 한다. 남들에게 들은 것 따위는 그들이 살아가는 방식과 존재양식에 지나지 않는다. 그들의 대답을 따라서 사는 것은 남의 인생을 대신 살아주는 것에 다름 아니다.

우리는 말과 글에 멈추지 말고 더 나아가 경험과 직관이 주는 자신만의 대답을 찾아낼 수 있어야 한다. 그때야 비로소 머리로 이해한 지식이 아닌 몸으로 체화된 지식이 될 수 있다. 때문에 독서는 스스로 생각하는 법을 훈련하고 기르는 과정에 도움을 주어야지, 다른 사람이 던져주는 대답을 그대로 복사해서 받아들이는 것으로 끝나서는 안 된다.

현명한 사람은 다른 사람들이 알려주는 세상의 지식들이 아주 작은 일부라는 사실을 이해하고 그 뒤에 숨어 있는 거대한 무엇을 밝혀내기 위해 노력한다. 드러난 것들은 대부분 말이나 글로 표현할 수 있는 것들이다. 그러나 그 아래에는 말이나 글로 표현할 수 없는 더 엄청나게 웅장한 것이 숨어 있다. 때문에 책에서 밝혀진 일반적인 문장들을 이해하기 위한 노력과 함께 그것을 확장하기 위한 노력도 아끼지 말아야 한다.

나는 책을 읽으면서 의미 있는 문장을 얻으면 반드시 나의 경험과 연결 지어 비교하려 노력한다. 예를 들어 책을 읽다가 '자신의 소명을 거부하면 괴물이 된다'는 구절을 읽었다고 하자. 자신의 기질과 재능을 바탕으로 인간으로서 해야 할 책임과 임무가 누구에게나 주어지지만 그것을 거부하는 경우 자신을 속이고 사회적으로도 지탄받는 사람이 될 수 있다는 말이다. 머리로는 이해가 가는 내용이다. 머리로 이해한 후에는 자신의 경험을 통해서 실증해 보려는 노력이 필요하다.

대학시절 군사정권에 저항하던 교정은 집회의 물결로 넘쳤고 학우들은 거리로 달려 나갔다. 겁 많고 소심했던 나는 한때 양심의 부름을 거부하며 거리와 술집, 책 속을 전전하고 다녔다. 그렇게 몇 달이 흐르자 나는 점점 책 속에 기대어 현실을 도피하기 시작했으며 당치도 않은 논리로 자신과 세상의 타협을 구하고 있었다. 자신의 어려운 상황만을 강조하면서 마땅히 해야 할 양심의 의무를 해태하고 있었던 것이다. 그렇게 양심의 소명을 거부한 나는 점점 비겁하고 옹졸한 괴물이 되어가고 있었다.

그러다 용기를 내서 다시 시대의 양심들이 몰려드는 거리로 뛰어들었다. 몸은 힘들고 불편했지만 마음은 편안했으며 비로소 자신에게 당당해질 수 있었다. 이것이 소명거부와 괴물에 연관된 나의 경험이다. 이런 과정을 통해 우리는 드러난 지식으로 자신의 경험을 끌어올림으로써 자신을 재발견하고 교훈을 영혼 속으로 데려갈 수 있게 된다. 경험과 사색이 만나면 세상의 원리를 몸으로 이해할 수 있게 되며, 비로소 지식이 나의 것이 되어 삶의 문제를 풀 수 있게 해준다.

또 다른 방법은 다른 사람의 경험과 연결시키는 것이다. 나의 경험만 가치 있는 것이 아니다. 다른 사람의 경험 또한 나의 것만큼 충분히 가치 있고 훌륭하다. 그의 삶의 스토리들을 듣다 보면 그가 어떤 소명을 받았는지, 언제 거부했으며, 어떻게 괴물이 되어갔는지를 알 수 있게 된다. 심지어 말로 표현하지 않지만 지금 괴물로 변해가는 혹은 변해 버린 동료들의 과거까지 짐작할 수 있게 된다. 좋은 동료라면 그의 삶이 가진 소명과 가치를 찾고 용기를 가지도록 도움을 줄 수도 있을 것이다. 우리는 다른 사람의 소명을 찾아주는 것을 도울 때 우리 자신의 소명도 잘 찾을 수 있다. 그리고 바로 그 순간 세상의 문제 해결에 도움을 줄 수 있는 실질적인 지식을 얻게 된다.

책으로 무엇인가를 배우는 데는 한계가 있다. 책은 글로 이루어져 있기 때문에 머리가 이해하는 수준에서 머무르게 되는 경우가 많다. 책 읽는 사람이 주의해야 할 것이 바로 이것이다. 때로는 말로 전달할 수 없는 것들이 있다. 이것은 몸으로 받아들일 수밖에 없다. 지식을 경험과 연결시키고 실천하며 진의를 확인하려는 노력이 필요한 이유다.

임제 선사는 어려서 답답할 정도로 우둔한 데가 있었던 모양이다. 20세가 되어서 황벽 선사의 제자가 되었는데, 그가 나이 들어 제자들로부터 듣게 되는 '어떤 것이 불법인가?'라는 질문을 하러 갔다가 매만 실컷 맞고 돌아왔다. 두 번, 세 번을 찾아갔으나 매만 맞고 돌아온 그는 대우 스님을 찾아가서야 황벽의 매질이 큰 가르침이었음을 깨닫는다. 그리고 그 자리에서 '황벽의 불법이 별것이 아니군'이라고 외치며 황벽의 수제자가 된다. 그 후 임제 선사의 가르침은 큰 소리를 지르거나 제자들 뺨을 때리는 방식이었으니 그 방식이 스승에게서 배운 방법과 연관이 있어 보인다. 그도 자신의 지식을 경험으로 연결한 것일까?

"부처를 만나면 부처를 죽이고, 조사(祖師)를 만나면 조사를 죽이고, 나한(羅漢)을 만나면 나한을 죽여라."

타인에게 쏠리지 말고 부처를 극복해 스스로 부처가 되라는 가르침은 지금 책 읽는 사람들이 명심해야 할 대목임이 분명하다.

영웅숭배자는 영웅이 아니다
:

어느 영웅숭배자가 있었다. 그는 한 영웅을 미친 듯이 숭배했다. 그는 영웅이 가는 곳은 어디든 따라다녔고, 그가 하는 말은 무엇이든 감동받았다. 사람들은 이 영웅숭배자를 대단한 열정을 가진 사람이라고 생각했다. 그도 언젠가는 영웅처럼 될 것이라고 믿었다. 하지만 그는 결코 그렇게 될 수 없었다. 영원히 숭배만 했기 때문이다.

그는 영웅을 뛰어넘으려 하지 않았다. 단지 자신이 가지지 못한 것을 가졌고, 자신이 할 수 없는 일을 하고 있는 영웅을 우러러볼 뿐이었다. 때문에 그는 영웅을 극복할 수 없었다. 또한 자신의 빛도 밝힐 수 없었다.

우리는 가진 것이 없을 때 가진 사람을 숭배한다. 혹은 저주한다. 숭배는 저주의 다른 모습일 뿐이다. 언젠가 기회가 되면 순식간에 숭배는 저주로 바뀌고 만다.

모든 승리자는 극복하는 자다.

생산적 책읽기 두 번째 이야기
―읽고 정리하고 실천하기

다른 세상으로 가는
접속플러그를 꽂다

"사람이 아는 것은 모르는 것보다 아주 적다."
-장자

"우리의 삶에는 끝이 있다. 아는 것에는 끝이 없다.
끝이 있는 것으로 끝이 없는 것을 추구하는 것은 위험할 뿐이다.
그런데도 계속 알려고만 한다면 더더욱 위험할 뿐이다."

《장자(莊子)》양생주(養生主) 편의 첫 구절이다. 이 구절은 인간의 수명에는 한계가 있는데, 그 한계도 모르고 끝없이 알려고만 하는 인간의 욕망을 질타하고 있다.

동물들과는 달리 인간은 태어나면서 세상에 대해서 알고자 하는 호기심과 욕망을 안고 태어난다. 이 호기심 때문에 태평양을 횡단하기도 하고, 달에 우주선을 쏘아 올리기도 하며, 하루 종일 도서관을 뒤지기도 한다.

인류 역사에 있어서 호기심만큼 큰 공헌을 한 것도 없을 것이다. 하지만 장자는 우리의 삶에는 끝이 있는데, 더 많이 알려고 하는 것은 속절없고 위험한 것이라고 경고한다. 앎에는 끝이 없기에 허무한 것에 힘을 쓰지 말라는 뜻일까? 이런 허무감 때문인지 책읽기에 대해서도 몇 가지 선입견들이 존재하는 것 같다.

"한 권으로 끝내줬으면 좋겠는데, 그게 아니더군요."

"세상에는 너무 많은 지식이 있고 갈수록 지식의 양은 많아지는데, 지금 책 좀 읽는다고 제가 그 지식들을 다 익힐 수 있는 건 아니잖아요."

"처음에는 재미도 있고 배울 것도 있다 싶어서 책읽기에 재미를 붙였는데, 좀 읽다보니 그게 그거라서 좀 식상해졌어요."

책읽기를 시도했다가 점점 손에서 책을 놓게 된 사람들이 주로 하는 이야기들이다. 자세히 들어보면 그럴만한 이유가 있다 싶고 이해도 충분히 간다. 이런 경험은 책을 좀 읽은 사람이라면 누구나 있을 것이다. 거기에 한 권을 읽었더니, 그와 연결된 다른 책들이 또 나오고, 그 책들은 다시 다른 책들과 연결되어서 도저히 끝이 보이지 않는 배움의 막막함에 위압되어 포기해 버리고 싶은 경우도 있었을 것이다.

이런 생각들은 곧 끝없이 쏟아지는 새로운 책들과 지식의 홍수 상황과 맞물려 '지금 책읽기를 시작해서 다른 사람들을 따라 잡을 수 있을까' 하는 부정적인 예측으로 이어진다. 때문에 책으로 승부를 걸기보다는 인터넷이나 신문을 통해 단편적인 정보들이나 수집하고 대신 어학공부나 전문기술을 익히는 쪽으로 가야겠다는 작전을 세우게 된다. 거기에 비슷비슷한 내용들로 채워지는 유행서적들의 난무가 '그 내용이 그 내용이더라'는 결론에 이르게 하고, 변화된 자신을 발견하고, 새로운 세계에 발을 내딛지 못하게 한다. 이러니 어떻게 책읽기를 통해서 자신을 변화시키거나 새로운 삶의 빛을 발견할 수 있겠는가?

반면 그와는 정반대의 이야기를 하는 사람들도 많다.

"책을 읽고 난 후부터 인생이 완전히 달라졌어요. 내 인생을 읽기 전과 읽은 후로 나눌 수 있을 정도니까요."

"완전히 새로운 세계로 접어들었다고나 할까요? 설명하기는 힘들지만 예전과는 다른 세상으로 들어선 것 같은 기분이에요."

"많이 변했죠. 책을 읽은 후부터 제 자신이 변하고 있다는 것을 느껴요."

책읽기가 무용하다는 이야기도 쉽게 들을 수 있지만 책을 통해 너무나 소중한 경험을 갖게 되었고, 삶이 변했다는 이야기도 그만큼 많이 들을 수 있다. 과연 누가 옳은 것일까? 물론 옳은 것은 없다. 단지 우리가 책과 만날 수 있는 준비가 되었거나 되지 않았거나 하는 정도의 차이가 있을 뿐이다.

나에게 책읽기는 무엇일까? 이런 생각을 가끔 해본다. 그때마다 나는 '플러그'가 떠오른다. 책읽기는 나에게 다른 세계와 접속하는 플러그를 꽂는 일과 같기 때문이다. 책을 읽은 후부터 내가 발 디딘 세계가 아닌 또 다른 세계가 있음을 알게 되었고, 그 세계로 들어가서 여행을 하고, 사람을 만나고, 길을 묻고, 지도를 제작해 보고, 미래를 짐작해볼 수 있게 되었다. 세상에 정답은 하나라고 생각했던 나에게 새로운 답이 있음을 알려주고 이 세상에 존재하는 사람의 수만큼이나 많은 답들 또한 있음을 알게 되었다.

이 얼마나 크고도 중요한 것인가? 오직 나의 눈과 귀와 감각으로만 받아들이고 이해했던 세상을 다른 사람의 눈으로 볼 수도 있고, 귀로 들을 수 있음을 알게 된 것은 커다란 충격이었다. 덕분에 이전의 나와 책을 접한 후의 나는 완전히 달라진다. 사람을 보는 방식, 문제에 접근하는 방식, 세상을 살아가는 방식이 달라졌기 때문이다.

우리가 전기플러그를 꽂아두는 이유는 여러 가지가 있을 수 있다. 충전을 하기 위한 것일 수도 있고, 음악을 듣기 위한 것일 수도 있다. 무엇인가를 시청하기 위한 것일 수도 있고, 인터넷 같이 다른 세계에 접속하기 위한 것일 수도 있다. 책읽기는 이런 모든 역할을 톡톡히 해준다. 마음의 에너지를 충전시켜주고, 귀로 들을 수 없는 세상의 음악을 들려주며, 사람들의 다른 모습을 보여주고, 그 세계에 접속할 수 있게 해준다. 책읽기가 유용했다고 말하는 사람들은 모두 이런 느낌들을 경험했던 사람들임이 분명하다.

《장자》에서 '알려고 하는 것이 위험하다'고 했던 것은 앎을 추구하지 말라는 뜻이 아니었다. 여기서 말하는 앎이란 이것과 저것을 구분하고 '이것은 도움이 되고 저것은 도움이 안 된다'는 식의 분별적 지식을 말하는 것이다. '요즘은 시대가 이러니까 이렇게 살아야 한다'는 삶의 기술에 대한 이야기가 여기에 해당되고, 자신과는 전혀 상관이 없는 양자물리학의 새로운 논문에 실린 지식 또한 포함된다.

인간 사회가 발전할수록 지식의 양은 늘어나게 되어 있다. 이런 지식을 모두 알려고 하면 그 거대함에 짓눌려 포기하고 싶어지는 것은 당연한 일이다. 이때 지식의 축적에 치중하는 것은 위험한 일이 아닐 수 없다.

인터넷 같은 방대한 네트워크와 정보들은 인간에게 자유와 가능성을 열어준 면도 있지만 오히려 아무리 노력해도 일정 수준밖에 얻을 수 없다는 제약과 한계를 가져다주었다. 인간이라는 존재가 가진 한계 앞에서 방대한 지식과 정보는 오히려 인간 스스로의 존재에 대해 회의감을 불러일으킨다. 덕분에 우리에게 남는 것은 좌절감이다.

책읽기에 대한 무용한 경험들을 가진 사람들의 문제는 지식을 삶의 기술적인 부분에만 국한시켜 이해하고, 그 양을 축적하려 했기 때문일 가능성이 높다. 거기에 목적성이 부족해서 새로운 것이라면 무조건 받아들이려 하다가 제풀에 지쳐 버리는 조급증이 한몫하고 있다.

컴퓨터 플러그를 꽂고 인터넷에 접속해보면 수많은 정보들이 있다. 하지만 그것들을 하드디스크에 축적하기만 하는 것은 무용한 짓이다. 자신에게 필요한 것이 무엇인지를 가려서 모아야 하고, 그 지식 속에 새롭게 발견되는 다른 세상들에 대한 경외감과 자기 성찰이 담겨있어야 한다. 그때야 비로소 플러그는 제 역할을 할 수 있다.

여기서 중요한 것은 컴퓨터 자체가 켜져 있어야 한다는 점이다. 컴퓨터는 우리의 마음이며, 태도를 말한다. 우리가 열려 있고 준비되어 있을 때 플러그를 꽂아 새로운 세계로의 의미 있는 접속이 될 수 있다. 우리가 열려 있을 때라야 책을 읽던, 여행을 하던, 새로운 일에 도전을 하던 하는 이 모든 것이 제대로 된 접속이 되는 것이다.

영화《공각기동대》는 이런 대사로 끝을 맺는다.

"자, 어디로 갈까? 네트워크는 광대해."

모든 인간은 하나의 개체이다. 이 개체는 네트워크로 연결되어 있다. 우리가 플러그를 꽂기만 한다면 모든 개체로 연결되는 네트워크에 접속할 수 있게 된다. 이때 우리는 나의 편협함에서 벗어나 보다 큰 세계, 보다 새로운 세계와 만날 수 있다. 바로 그 순간 우리는 깨달음에 눈뜨고 유의미한 무엇인가를 얻는다.

앎에는 끝이 없다. 앎의 끝에서 허무를 느낄 수도 있다. 알아야 할 것이 너무 많다는 이유로 앎을 포기하는 것은 어차피 죽을 인생 뭐 하러 열심히 사느냐는 것과 다를 것이 없다. 나도 앎이 끝이 없음을 안다. 하지만 그 끝이 없는 앎의 바다로 당당하게 나가는 것, 그것이 나는 좋다. 허무하면 어떠랴. 내 좋으면 그 뿐인 것을. 허무를 향해 진군할 수 있는 것도 용기라고 믿어본다.

신화에 꽂힌 플러그

:

조셉 켐벨을 알게 된 것은 《신화의 힘》이라는 책을 읽은 후부터였다. 그 이전까지 나는 신화를 그냥 인간들이 지어낸 신들의 이야기라는 정도로 생각했다. 옛날 옛적에 있었던 이야기일 뿐 그 속에 무엇이 들어 있는지 전혀 짐작하지 못했다. 하지만 그를 알게 된 후부터는 전혀 달라졌다.

신화는 오랫동안 사람의 입에서 입으로 전해져 내려온 것들이 이야기로 정착된 것이다. 때문에 신화에는 인간 한 사람 한 사람의 욕망, 꿈, 사고방식, 가치체계 같은 것이 부가되면서 인간 그 자체가 담겨 있다. 그래서 신화를 읽으면 사람의 마음을 이해할 수 있고 인간 자체의 특성들을 알 수 있게 된다.

조셉 켐벨을 만난 후부터는 심리학에 대한 이해도 깊어졌다. 현대 심리학은 신화를 통한 상징을 해석하는데 상당한 진전을 보였다. 사람에 대해 이해하는데 신화만큼 상징화된 것도 없기 때문이다.

수천 년 동안 내려온 인간들이 만든 자신의 이야기는 인간을 담고 있을 수밖에 없다. 이것이 우리가 신화를 읽는 이유이며, 신화를 읽을 수밖에 없는 이유이다.

신화와 인간을 공부하고 싶은 사람이라면 《신화의 힘》을 먼저 읽어보길 권한다. 대담 형식이어서 크게 어렵지 않게 읽을 수 있을 것이다. 켐벨의 다른 책들을 읽어보거나 다른 신화학자들의 책 중에서 쉬운 대중서들을 읽는 것도 도움이 될 것으로 믿는다. 신화는 사람을 알고 길을 짐작하는데 좋은 스승이 된다.

생산적 책읽기 두 번째 이야기
— 읽고 정리하고 실천하기

책읽기 결승점은 책 쓰기

보는 사람이 꽃이면 보이는 것도 다 꽃이라고 했다. 행복한 사람 눈에는 행복한 것들만 보인다. 슬픈 사람 눈에는 세상 모든 것이 부질없고 허무하게 보인다. 세상도 우리가 생각하는 대로 꼭 그렇게 존재한다.

  인생이란 우리의 눈으로 만들어진 거짓된 경험이라고 하는 사람도 있다. 우리의 감각은 세상이라는 실체를 있는 그대로 인지하지 않고, 자기 마음대로 생각하고 받아들이기 때문이다. 우리가 만약 살고 있는 세상을 행복한 곳으로 만들고 싶다면 자신의 마음을 행복하게 만들면 된다. 세상을 바꾸는 가장 쉬운 방법은 자신의 마음을 바꾸는 것이다.

 이것이 문제다. 쉬운 것 같으면서도 너무 어렵다. 쉽다면 많은 사람들이 이렇게 스트레스를 받으며 살지는 않을 것이다. 많은 시간과 노력과 애정을 쏟아야 가능한 일이다. 그래서인지 너무 많은 사람들이 이 작업을 포기하고 산다.

 직장생활을 처음 시작하고 얼마 후 나는 불평과 불만으로 가득한 부정적인 인간이 되어 있었다. 매일 하는 일들이 지겨워졌고, 언제까지 이런 일로 인생을 허비해야 하는지 한숨만 나왔다. 직장에 매달려 있어야 하는 상황이 싫었고, 능력 없는 자신이 한스러웠다. 인간관계는 어려워졌고 고객과 다투는 일도 잦아졌다. 나는 점점 세상이라는 곳에서 스스로를 고립시켜가고 있었다.

 그러던 중 우연히 대학 때 써 놓았던 노트를 발견했다. 이리저리 휘갈겨 쓴 제대로 된 문장이라고는 찾아볼 수 없는 것들이 대부분이었다. 노트의 한 구석에 이런 글이 눈에 띄었다.

 "책을 쓰고 싶다!!!"

 순간 번쩍하고 뭔가 떠오르는 것이 있었다. 바로 지난날의 꿈이었다. 대학시절 나는 책을 쓰고 싶어 했다. 《감옥으로부터의 사색》을 읽으면서 나도 이런 책을 쓰고 싶었다. 《슬픔이 기쁨에게》를 외우면서 멋진 시어를 남기는 시인이 되고 싶었다. 노트에 적힌 한 문장이 잠들어 있던 내 꿈을 일깨웠다.

 그날부터 나는 주변에서 글감을 찾기 시작했다. 고객과 상담하면서 부딪혔던 이야기, 동료들과의 직장생활 에피소드, 친구들과의 우정과 만남의 경험들 그리고 읽었던 책의 좋은 구절들을 정리하기 시작했다. 그때부터 이상한 일이 일어났다. 그렇게 지겹고 무의미하던 일상이 슬금슬금 의미로 되살아났고, 동료들과의 이야기들도 귀에 속속 들어와 가슴속으로 파고 들어왔다. 일상이 목표를 향해서 정렬되기 시작했다. 그렇게 몇 년이 흐른 후 나는 드디어 꿈을 이루었다.

아름다운 꽃을 보면 아름다워지고 싶어진다. 아름다운 문장을 읽으면 자신도 아름다운 문장처럼 살고 싶어지고, 자신도 그런 문장을 만들어내고 싶어진다.

책읽기 최종단계는 언제나 글쓰기가 기다리고 있다. 좋은 내용을 읽었으니 나도 좋은 내용을 만들고 싶어지는 것은 당연하다. 축구 꿈나무들은 멋진 선배들의 드리블 장면과 골 장면을 보면서 국가대표의 꿈을 키운다.

직장인들의 독서모임에 가보면 많은 사람들이 글쓰기를 꿈꾸고 있음을 발견하게 된다. 그들도 처음에는 책이 좋아서 책을 읽기만 했다고 한다. 그러다 점점 자신도 좋은 책을 쓰고 싶어졌고, 그것이 꿈이 되었다 한다. 우리 주변에는 책을 읽다가 자연스럽게 책을 쓰고 싶어진 사람들이 의외로 많다. 그런 사람들 중 하나가 바로 나였다.

나의 책읽기는 욕심에서 시작되었다고 해도 과언이 아니다. 물론 책읽기가 재미 있었던 것은 사실이다. 하지만 처음에는 읽는 재미보다는 모으는 것을 더 좋아했다. 40여 권쯤 모였을 때 견출

지로 책의 번호를 매긴 적도 있었다. 하지만 책이 제법 모이자 읽지도 않는 책을 모으는 것이 정신적 허영이라는 사실을 느끼게 되었다. 그래서 모았던 책을 읽어나가면서 모으는 것과 읽는 것의 균형을 잡으려 노력했다.

책은 읽으면 읽을수록 더 많은 책을 불러왔다. 지적인 갈망은 끝이 없었고 때문에 다른 일들을 하는 시간들을 최대한 줄이고 책에만 매달렸다. 한계효용체감이라는 말은 책에서는 어울리지 않았다.

책을 읽으면서 제일 먼저 감탄한 것은 멋진 문장이었다. 어떻게 이런 표현을 할 수 있을까하는 놀라움으로 무릎을 치고 입이 벌어지는 순간들이 반복되었다. 이런 반복은 감동으로 이어졌고, 항상 감동에 목말라했다.

좋은 문장에 감탄하면 그 문장을 외우게 된다. 문장을 외우고 다니니 당연히 생각하고 말하는 방식이나 내용이 그것을 따라간다. 자연히 글도 그것과 닮아가고 그렇게 표현하고 다닌다. 우연히 글이라도 하나 쓰게 되면 자신이 그동안 읽고 외웠던 문장들의 스타일을 닮아가고 있음을 느끼곤 했다.

지금도 대학시절 무던히 외우던 글들이 나를 만들었음을 새삼 발견하게 되는 때가 자주 있다. 나는 글을 쓰겠다는 사람들을 만나면 좋은 문장을 많이 외울 것을 권한다. 그래야 좋은 글이 나온다는 이유에서다. 아쉽게도 요즘은 문장을 외우는 것에 대해서는 인색한 것 같다. 무엇보다도 그것이 귀찮은 것이기 때문이다.

타고 난 재주가 있지 않은 다음에야 좋은 글을 쓰려는 사람들이 자신을 계발하는 방법 치고 외우는 것만큼 간단하고 쉬운 방법도 없다는 생각이다. 한때는 수첩을 활용해서 좋은 글을 적어 주머니에 넣고 다녔다. 그리고 자연스럽게 외울 수 있을 때까지 읽고 또 읽었다. 그 중에는 아름다운 시들고 있고, 감탄을 자아내는 은유적 표현들도 있다. 이것들이 중요한 것은 내 삶을 만들어준 것이기도 하지만 그 시절 무엇인가에 몰입해서 미치도록 시와 문장들을 외워보았던 몰입의 경험들이 나를 건강하게 떠받치고 있다고 믿기 때문이다.

좋은 글을 읽고 외우는 노력 외에 글 쓰려는 사람들에게 필요한 것이 또 하나 있다. 그것은 끊임없는 연습이다. 좋은 글은 많이 써야 나온다. 많이 쓰면 많이 표현하게 되고, 많이 표현하게 되면 무엇이 좋은 글인지 느낌이 온다. 느낌이 오면 표현들을 골라낼 수 있게 된다. 어떤 것이 좋은 표현인지 알게 되면 비로소 독자들과 자신의 소통 통로를 확보할 수 있게 된다. 혼자 떠드는 이야기가 아니라 감정과 에너지를 나눌 수 있는 글을 쓸 수 있게 된다는 말이다.

글은 쓰면 쓸수록 는다. 공을 많이 다룰수록 드리블을 잘 할 수 있듯이 글도 많이 써야 잘 쓸 수 있다. 자신의 일상이 무료하거나 하는 일에 의미를 찾지 못하고 있는 사람이라면 책 쓰기를 권하고 싶다. 책을 좋아하는 사람이라면 책 쓰기가 분명 최종 목적지일 것이다.

사람은 자기 생활의 목적을 가질 때 비로소 일상이 의미를 갖게 된다. 단조롭고 무료하고 스트레스로 가득한 일상이 크고 작은 의미들로 넘쳐나기 시작한다. 이 문제에서 무엇을 배워야 하는지 교훈들이 눈에 들어온다. 그리고 그것들을 자양분 삼아 뭔가 기록하기 시작한다.

자신의 삶을 이렇게 살아야겠다고 결심하게 되고, 그것을 다른 사람들에게 알리고 싶어진다. 글쓰기는 인생의 주도성을 회복하는 최고의 방법이다.

생산적 책읽기가 생산적 글쓰기에게

:
글을 잘 쓰는 방법은 뭘까?
첫 번째, 많이 읽어야 한다. 많이 읽어야 좋은 글이 무엇인지 알고, 자신의 글도 평가할 수 있다. 좋은 글을 많이 읽을수록 좋은 글에 가까워진다.
두 번째, 이야기를 잘 할 수 있어야 한다. 쓰고자 하는 것을 남에게 들려주듯 이야기하듯 쓸 수 있도록 이야기 훈련을 해야 한다. 대화체로 표현하는 훈련을 하는 것도 좋다.
세 번째, 의미를 해석하고 표현할 수 있어야 한다. 누구나 할 수 있는 생각이 아닌 자신만의 눈으로 세상을 보고 그 이야기를 펼칠 수 있어야 한다. 그러자면 사건이나 지식에서 의미를 찾아낼 수 있는 능력을 키워야 한다.

생산적 책읽기 두 번째 이야기
—읽고 정리하고 실천하기

생명의 물은 먼 곳이 아닌 가까운 곳에 있다

"빛은 결국 우리들 인간의 내면에 있었던 것이다."
—김훈, 《자전거 여행》 중에서

이 세상 어딘가에는 아름다운 샘이 하나 있는데, 그 샘에서는 생명의 물이 솟아난다고 한다. 이 물을 마신 사람은 마음이 맑고 깨끗해지며 몸이 마치 갓 태어났을 때처럼 건강한 기운으로 넘치게 된다.

어느 날, 우연히 길을 가던 사람이 이 물을 발견했다. 그는 그 물을 마시고 원기가 충만해지고 평생 한번도 경험하지 못한 행복을 맛보게 되었다. 그곳은 곧 여러 사람들에게 알려지게 되었고, 곧 엄청난 사람들이 몰려들어 장사진을 이루기 시작했다. 그러자 돈 냄새를 맡은 사람들은 그곳이 자신의 땅이라며 주변에 울타리를 치고 문을 만들어 사람들에게 입장료를 받고 물을 팔기 시작했다. 생명의 물은 몇몇 사람들에게 독점되고 그들의 이익만 채워주는 사유재산이 되어 버렸다.

생명의 물은 스스로 생명을 가졌기에 이런 사람들의 행태를 달가워하지 않았다. 화가 난 생명의 물은 스스로를 말려 버리고 새로운 물길을 찾아 떠나 버렸다. 생명의 물은 어느새 조용하고도 아름다운 곳을 찾아내 예전의 생명수를 뿜어냈다. 하지만 이 샘도 곧 사람들에게 발견되어 울타리를 치고 입장료를 받는 일들이 생기면서 다시 길을 찾아 떠나야 했다. 이렇게 새로운 자리를 찾아 샘솟고 울타리를 치는 일은 끊임없이 반복되었다.

지금도 생명의 물은 이 땅 어딘가에서 샘솟고 있으며 자신을 발견할 사람을 기다리고 있다고 한다.

생명의 물은 일상에 지친 사람들을 생기로 넘치게 하고 삶의 의욕을 되살려 놓는다. 때문에 이 샘물을 마시는 사람은 진정한 삶을 발견하게 되고 자아가 행복으로 충만하게 된다. 비로소 세상에 태어난 자신의 소임을 알게 되고 삶의 의미를 발견한다. 생명의 물은 우리 삶의 기쁨과 행복, 목적 바로 그것인지도 모른다.

생명의 물과 관련된 이야기는 우리 삶에서 상징하는 바가 많다. 일상에 지친 우리들은 항상 삶의 갈증을 해소시켜 줄 무엇인가를 갈망한다. 생명의 물은 우리에게 만족감, 충만감, 자신과 세상이 하나 되는 경험, 행복 같은 것을 가져다 줄 어떤 것을 의미한다. 그것은 일일 수도 있고, 사람일 수도 있고, 어떤 순간일 수도 있다. 사람에 따라서 그 형태와 모양은 달라진다. 공통적인 것은 생명의 물이 쉽게 찾아지지 않는다는 점이다. 운 좋게 그것을 찾아낸 사람들의 이야기들이 가끔씩 들려올 뿐 대부분의 사람들은 생명의 물을 경험해보지도 못하고 사라져 간다. 그만큼 생명의 물을 만나기도 어렵고 맛보기도 어렵다는 말이다.

우리의 삶은 영원한 갈망이다. '도대체 내가 바라는 생명의 물은 어디에 흐르고 있을까?' 지울 수 없는 이 물음에 답을 찾아 살아가는 떠돌이 인생이다. 안타깝게도 항상 사람들이 북적대고 생명의 물이 흐른다고 알려진 곳만을 찾아다닌다. 생명의 물이 우리 주위 바로 곁에서 흐르고 있다는 사실을 깨닫지 못하기 때문이다.

생명의 물을 찾는 사람들에게 참고할 만한 것이 있다. 그것은 내가 예상하지 못했던 곳에서 샘솟고 있다는 사실이다. 사람들이 많이 모여 있거나 알려진 곳에는 없다. 그곳은 이미 마른 샘이다. 오히려 인적이 드물고 손길이 닿지 않는 곳에 흐르고 있다.

옛날의 전설이나 신화들을 살펴보면 대부분의 보물은 멀리 있는 것이 아니라 우리가 살고 있는 집의 뒷마당이나 다락방 혹은 장롱 같은 가까운 곳에 있음을 알 수 있다. 이들 이야기들이 알려주는 비밀에 따르면 대부분의 보물들은 바로 우리를 부자로 만들어주는 금은보화인 경우가 많다. 하지만 그것이 상징하는 것들은 우리 자신을 보다 생기 넘치게 하는 무엇이었다. 생명의 물은 그 대표적인 상징일 뿐이다.

생명의 물로 대표되는 이 보물들은 나를 나답게 해주고, 내가 누구인지를 알려주며, 짧은 이 삶에서 무엇을 해야 할지 알려준다. 내가 무엇을 좋아하며, 무엇에 집중해서, 어떻게 살아가야 할지를 알려주는 것이다. 그 과정을 통해서 우리는 방황과 욕망을 넘어서 몰입과 사랑을 체험하게 되고 비로소 삶의 궁극적인 목표인 자기를 만나게 된다.

그렇다면 생명의 물이 흐르는 곳은 도대체 어디를 말하는 것일까? 간단하게 말하자면 우리 마음이 끌리는 곳이다. 다른 사람들이 좋아하고 아끼는 곳이 아니라 내가 좋아하고 끌리는 무엇이다. 이런 이유 때문에 다른 사람들이 몰려있는 곳에서는 생명의 물을 발견할 수 없다. 발견한다고 해도 그것은 나의 것이 아니라 그들의 것일 뿐이다. 나에게는 아무런 도움이 되지 않는 맹물이다.

책을 읽다 보면 어떤 책이 내 마음에 드는지, 누구의 책이 재미있는지 알게 된다. 생명의 물은 마음에 드는 바로 그곳에 있다. 생산적 책읽기란 마음에 드는 분야를 찾고 관련된 책을 찾아내서 그곳에 집중하는 것을 말한다. 그럴 때 우리는 자신이 누구인지 알게 되고 자신을 재발견하고 재창조할 수 있다. 비로소 내가 되고 마음의 평화와 안정이 찾아온다.

그곳에서 생명의 물을 찾아낼 때까지 몰입하고 집중해서 읽어가다 보면 주변에서 유혹하는 소리들이 많이 들린다. 다른 곳에 생명의 물이 있다거나 바로 여기를 파야 한다고 직접적으로 가르치려는 사람들이 있기 때문이다. 베스트셀러가 그렇고, 온갖 광고들이 그러하며, 신뢰성 떨어지는 추천들이 그렇다.

자기 분야에 집중해서 읽기도 바쁜데 넘쳐나는 베스트셀러들까지 읽으려니 시간이 부족한 것이 당연하다. 아무리 주변에서 좋은 책이라고 유혹을 해도 자기만의 고집으로 자기분야에서 자신이 선택한 책을 계획에 따라 꾸준히 읽어가는 노력이 핵심이다. 이것이 없을 때 두루 읽기는 했지만 표면적인 지식으로만 그치게 된다. 생명의 물은 넓게 판다고 발견되는 것이 아니라 있는 곳을 정확히 짚어서 깊이 파야 한다. 이곳저곳을 파헤칠 시간이 없다.

무라카미 하루키의 《상실의 시대》에 나오는 주인공의 대학선배는 '죽은 지 30년이 넘지 않은 작가의 책은 원칙적으로 읽지 않는다'고 말한다. 그가 이 원칙을 가지게 된 것은 쓸데없는 책으로 시간을 낭비하고 싶지 않기 때문이다. 죽은 지 30년이 지나서도 독자들에게 읽히고 있는 책의 저자들은 역사가 그 가치를 증명한 것이므로 그들의 책은 읽어도 좋다고 생각하는 것이다. 이 주장에 전적으로 동의하는 것은 아니지만 상당히 설득력이 있다고 생각한다. 요즘 나오는 조잡한 기술들이나 자기 생각만을 강조한 편향된 책들을 읽어본 실망감에서 나온 것이기는 하지만 책을 고르는 자기만의 기준을 가지는데 이런 방법도 괜찮을 듯 싶기 때문이다.

누구나 한두 가지 기준은 가지고 있을 것이지만 이런 기준들이 좀 더 구체화되고 신념화되어서 지켜져야만 한 우물을 파는 일도 가능하다고 믿는다.

나는 죽은 지 30년 후에도 기억되는 작가가 될 수 있을까?

📖 내 속에서 찾은 생명의 물

：

오래 전, 생명의 물을 찾아 이리저리 방황한 적이 있다. 생명의 물이 자연과학에 있는 줄 알고 지구와 우주에 대한 책들을 열심히 읽었다. 그러다 지쳐 새로운 분야인 사회과학책들에 빠져들었다. 이번에는 제법 생명의 물 냄새가 나는 것 같았다. 그 냄새에 끌려 철학과 사색들이 담긴 책들 속으로 들어갔다. 그것은 자연스럽게 그와 관련된 시나 소설로 연결되었다.

문학, 특히 시는 척박한 삶에 희열 같은 것을 주었다. 한동안 그곳에 안착하며 지냈다. 시간이 지나 취업을 하고, 직장에서 생명의 물을 찾아보았다. 쉽지 않았다. 우연히 사람들 앞에서 강의하는 일을 하게 되었을 때 그곳에서 생명의 흐름이 느껴졌다. 몇 년을 그 물을 생생하게 느낄 수 있었다. 그것이 즐거움이고, 행복이며, 의미이고, 가치임을 알았다.

생명의 물은 외부에 있지 않았다. 바로 나 자신 속에 있었다. 이 경험으로 인해 나는 생명의 물을 찾기 위해서는 자신 속으로 들어가는 길밖에 없다는 사실을 깨달았다. 그 길에서 책읽기는 안내자가 되어 항상 주위를 맴돌며 삶의 길을 밝혀주었다.

두 번째 이야기를 마치며

책읽는 대한민국을 위하여

"좋은 책을 읽을 때면 나는 3천 년도 더 사는 것같이 생각된다."
-에머슨

갈등(葛藤)이라는 말은 칡나무와 등나무라는 뜻이다. 칡나무 줄기는 시계 반대 방향으로 감아 올라간다는 특성을 지녔다. 등나무는 반대로 시계방향으로 줄기를 감아 올라가는 특성이 있다. 때문에 이 둘이 만나면 서로 줄기가 마주치고 얽히면서 요란스런 장면을 연출하게 된다. 그래서 갈등이란 서로 간의 입장 차에서 오는 마찰상태를 일컫는 용어로 사용되고 있다.

현재 우리나라 사회를 대표하는 말 중에서 이 갈등이란 말만큼 상징적인 것도 드물 것이다. 노사의 갈등이 그렇고, 진보와 보수의 갈등이 그러하며, 정부와 국민의 갈등도 그렇다. 100분 토론이나 여타 토론 프로그램을 보더라도 토론이라기보다는 싸움판에 가깝게 느껴진다. 상대방의 주장을 이해하려는 마음은 없고, 오직 자신의 주장을 알리는데 급급하다. 이러니 토론이 될 리가 없다. 안타깝지만 이것이 우리 사회의 현주소다.

토론에 나온 사람들은 대부분 대학 이상을 나온 지식인들이다. 때로는 전문연구원들이나 대학교수들도 있다. 토론에 참여한 사람들의 이력을 보면서 토론이 토론으로 이어지지 않고 주장과 비난으로 끝나는 것이 이해할 수 없을 때도 많다. 배웠다는 사람들이 상대방의 입장에 대해서 전혀 이해하지도 이해하려는 마음도 없기 때문이다.

왜 이들은 서로의 입장을 이해하지 못하는 걸까? 아마도 자신의 입장이 너무 강하기 때문일 것이다. 자신이 가진 지식이나 생각이 옳다는 신념이 너무 확고하기 때문일 것이다. 너무 공부를 많이 한 것이 탈이 된 것일까?

사실, 제대로 책을 읽고 공부하는 사람이라면 이런 일이 생길 리 없다. 책 읽는 사람들의 가장 큰 특징은 긍정적 생각과 이에 기초한 상대방에 대한 배려이기 때문이다. 책을 좋아하는 사람들을 만나보면 정말 놀라운 공통점 하나를 발견하게 된다. 그것은 아주 긍정적이라는 것이다. 모르는 사람을 처음 만나도 아주 반갑게 대한다. 세상을 밝게 보고 사람도 긍정적으로 대한다. 마치 모든 것이 즐겁고 행복하다는 표정이다. 하지만 이 땅의 지식인들은 그렇지 못한 것 같다. 왜? 책을 읽은 것이 아니라 자신에게 필요하고 유리한 지식과 정보만을 취사선택했기 때문이다.

미리 결론을 내려놓고 그에 필요한 자료만 찾아내라고 하면 얼마든지 찾아낼 수 있다. 그러면서 그 반대되는 내용과 생각은 사장시킨다. 그 과정에서 스스로 대견해하고 자랑스러워한다. 이런 우스운 일들이 우리 지식인들 사이에게 일어나는 해프닝이라면 우리는 얼마나 부끄러운 존재들인가!

김해시에서는 최근에 '책 읽는 도시'라는 컨셉으로 독서운동을 벌이고 있다. 2007년부터 시작된 이 활동으로 벌써 24개의 작은 도서관이 생겼다 한다. 85평방미터 이상의 건물을 지을 때는 운영위원회를 구성해 작은 도서관을 운영하도록 조례로 제정까지 했단다.

김해의 작은 도서관에 가보면 특이한 분위기가 있다. 시끄럽다는 것이다. 도서관이 아니라 어린이 놀이터 같다. 열람실 중심으로 공부방이 되어버린 기존의 도서관과는 다른 분위기다. 도서관이 문화놀이터가 되었다.

필요한 책이 가까운 도서관에 없으면 도서관리 프로그램으로 다른 도서관에 있는 도서를 대출할 수도 있다. 물론 택배비는 시에서 부담한다. 게다가 작은 도서관에 매월 도서지원금을 지급하기 때문에 도서관에서 필요로 하는 책이나 신간서적들을 즉시 구입할 수 있다. 예전의 고서들만 가득했던 도서관이 보다 젊고 빨라진 것이다.

 이렇게 독서를 권장하는 이유가 뭘까 궁금해서 시청 담당자를 만나서 물어봤더니 대답이 아주 명확했다.

 "책을 읽은 사람은 문제해결능력이 뛰어나잖아요. 게다가 다른 사람에 대한 배려심도 높구요."

 정확한 지적이었다. 우리가 학교에서 배운 내용들 중 90%는 실생활에 아무런 소용이 없다. 하지만 책에서 읽은 내용들은 대부분 생활 속의 문제를 해결하는데 중요한 역할을 해준다. 특히 책을 좋아하는 사람들은 상대방의 입장에서 생각할 수 있는 능력이 커져 배려심이 높다. 때문에 사회적 갈등이 줄어들고 협력과 자발적인 참여가 가능하게 된다. 이것이 김해시가 독서운동을 벌이고 있는 취지였다.

 관계자는 이것을 B-Generation이라는 말로 표현했다. 지금 "책 읽는 도시" 운동을 통해서 많은 책을 읽고 자란 아이들이 미래에 주인공이 되면 그 아이들은 지금의 어른들과는 다르게 소통할 수 있고 협력할 수 있는 세대가 될 것이라는 기대가 담긴 표현이다.

 Book Generation! 책을 읽고 세상을 알고 사람과 소통하며 갈등을 생산적으로 만들며 문제를 함께 해결해나가는 세대. 얼마나 멋진 말인가. 우리 어른들이 가지지 못한 배려와 사랑이라는 힘을 가지고 있는 아이들. 그 아이들이 주인공이 될 때 우리 사회는 보다 넉넉해지고 행복해질 것이다.

지금까지 우리는 책 읽는 활동을 개인과 가족에게 주로 맡겨왔다. 이제 국가가 직접 나서야 한다. 경제가 어려운 시절에 개인과 가족은 긴축적으로 움직일 수밖에 없다. 책을 구입하기도 부담스럽고 읽는 시간도 아깝다고 느낀다. 이럴 때 도서관이 많아져야 하고 책을 읽을 수 있는 사회적인 분위기도 조성되어야 한다. 그러자면 단기적으로 눈에 보이는 사업들에 혈안이 되어 있는 사람들이 아니라 멀리 국가의 장래를 바라보며 보이지 않는 곳의 중요성을 역설하고, 그곳에 힘을 쏟아 부을 수 있는 역량 있는 사람들을 뽑아야 한다.

공무원 조직에서 먼저 책읽기에 대한 분위기를 조성해야 한다. 도서관을 늘리고 책을 권장하는 사업에 투자를 아끼지 말아야 한다.

여기서 중요한 일이 하나 있다. 바로 업무시간에 책을 읽을 수 있게 권장하는 것이다. 지금은 지식사회다. 지식사회의 구성원들은 공부하는 것이 일이 되어야 한다. 하지만 지금 우리의 분위기는 그렇지 못하다. 업무시간에 감히 책을 볼 엄두를 내지 못한다. 상사들의 눈총이 따갑게 느껴진다. 지금과 같은 시대에 책을 읽는 직원들에게 눈총을 주거나 잔소리를 하는 상사가 있다면 그야말로 그는 무능한 상사임이 분명하다. 사람을 키울 줄도 모르고 배려할 줄도 모르며 조직의 미래를 위해서 어떤 것이 중요한 것인지도 모르는 형편없는 사람이기 때문이다. 그런 상사가 있는 조직은 미래가 없다.

업무시간에 책을 보는 공무원을 본다면 국민들도 박수를 보내야 한다. 일은 안 하고 엉뚱한 짓을 한다고 생각하는 사람들은 구시대의 정신으로 현재를 살고 있는 사람들이다. 공부하지 않으면 국민들에게 제대로 된 서비스를 제공하기 어렵다. 배워야 좋은 행정도 펼칠 수 있다. 이것은 일반 회사도 다를 것이 없다.

이제 눈치 보지 말고 책을 펼치자. 업무시간이건, 점심시간이건, 사장님이 보는 앞이건 구분하지 말자. 대통령도 업무시간에 책을 읽는다. 우리 회사 사장님도 책을 본다. 나라고 왜 못 보는가?

공부는 우리의 일이며 우리의 미래다. 책 읽는 대한민국은 미래가 밝다.

생산적 책읽기 두 번째 이야기
- 읽고 정리하고 실천하기

지은이 | 안상헌
펴낸곳 | 북포스
펴낸이 | 방현철

1판 1쇄 펴낸날 | 2010년 02월 10일
1판 5쇄 펴낸날 | 2014년 08월 20일

출판등록 | 2004년 02월 03일 제313-00026호
주소 | 서울시 영등포구 양평동5가 18 우림라이온스밸리 B동 512호
전화 | (02)337-9888
팩스 | (02)337-6665
홈페이지 | www.bookforce.co.kr
전자우편 | bhcbang@hanmail.net

ISBN 978-89-91120-35-8 03320

값 13,000원

memo